Johannes Jacobus van Oosterzee

**Das Johannesevangelium**

Vier Vorträge

Johannes Jacobus van Oosterzee

**Das Johannesevangelium**
*Vier Vorträge*

ISBN/EAN: 9783743365322

Hergestellt in Europa, USA, Kanada, Australien, Japan

Cover: Foto ©Lupo / pixelio.de

Manufactured and distributed by brebook publishing software (www.brebook.com)

Johannes Jacobus van Oosterzee

**Das Johannesevangelium**

Das

# Johannesevangelium.

Vier Vorträge

von

J. J. van Oosterzee,
Dr. und Professor der Theologie zu Utrecht.

Autorisirte deutsche Ausgabe.

Gütersloh,
Druck und Verlag von C. Bertelsmann.
1867.

# Vorwort.

Die hier folgenden apologetischen Vorträge wurden in den Monaten November und December des verflossenen Winters in dem Odeon zu Amsterdam vor einem zahlreichen Zuhörerkreise gehalten, speciell, wenn auch nicht ausschließlich mit Rücksicht auf einen Theil der „Vorlesungen über die biblischen Berichte vom Leben Jesu, besonders über das Johannesevangelium," welche daselbst im vorigen Jahre von Professoren und Predigern der sogenannten modernen Richtung gehalten wurden. Da die Einwände gegen das vierte Evangelium von letzterer Seite öffentlich vor der Gemeinde behandelt worden waren, schien es dem Verfasser nicht mehr als billig, zur Vertheidigung des heftig bestrittenen Schatzes einen ähnlichen Versuch zu wagen. Die Art und Weise dieses Versuchs wurde von selbst bestimmt durch die Eigenthümlichkeit des Zuhörerkreises, und darf denn auch allein mit Rücksicht darauf beurtheilt werden. Keine streng wissenschaftliche Beweisführung war hier am Platze, noch weniger eine ausführliche Kritik der Schriften, die hier oder anderwärts zur Bestreitung der Aechtheit und Glaubwürdigkeit des Johannesevangeliums erschienen sind. Die Aufgabe war ausschließlich die, einem gebildeten, wenn auch nicht gelehrten Publicum, das ein Interesse an den Resultaten wissenschaftlicher Forschung hat, dem Gange der Verhandlungen jedoch nicht oder nur theilweise folgen kann, den richtigen Weg zu zeigen, und dasselbe in seinem Glauben zu stärken. Aus diesem Grunde hat der Verfasser eine thetische und apologetische Behandlung des Gegenstandes der direct polemischen und kritischen vorgezogen.

Da der Streit über die Wahrheit der evangelischen Geschichte, der gegenwärtig von holländischen Theologen geführt wird, in der Hauptsache kein anderer ist, als der, welcher auch die evangelische Kirche und Theologie in Deutschland bewegt, glaubte man durch Uebersetzung dieser apologetischen Vorträge auch diesen einen kleinen Dienst zu erweisen. Der Name des Verfassers, durch verschiedene theologische und homiletische Schriften auch in Deutschland mit Ehren bekannt, macht alle weitere Anbefehlung von Seiten des Uebersetzers überflüssig. Was die Form dieser deutschen Ausgabe anbelangt, so ist der Uebersetzer sich wohl bewußt, nicht überall die runde und präcise Fassung gefunden zu haben, in welcher Professor van Oosterzee mit bekannter Meisterschaft sich auszudrücken pflegt. Im ganzen jedoch glaubt er den Sinn treu und verständlich wiedergegeben zu haben.

Zum Schlusse nur noch ein Wort des Verfassers aus seiner Vorrede zur holländischen Ausgabe dieser Vorträge.

„Gegner der Wahrheit in Freunde derselben umzuwandeln, das übersteigt die Kräfte auch der besten Apologeten. Doch ist es schon viel, wenn es uns glückt, die Nebel zu verscheuchen, welche Manchem, der nach Klarheit ringt, die Wahrheit verhüllen, wenn es uns glückt, wankende Gemüther in der Ueberzeugung zu stärken, daß vorläufig zwar große Wasserfluthen hereingebrochen, aber noch keine Scholle Landes weggeschwemmt ist. Können hierzu auch diese Vorträge an ihrem Theile ein Scherflein beitragen, so wird ihr Zweck erreicht, und dies mir noch ein Grund mehr zu demüthigem Danke sein."

„Abgesehen indessen von aller Frucht für Andere habe ich selbst schon dadurch, daß ich freimüthig Rechenschaft von meiner unerschütterlichen Ueberzeugung ablegte, für mich großen Segen gehabt. Meine Hoffnung auf Erfüllung der Prophezeiung des hochverdienten Lücke steht fester als je: „So lange es in der „Kirche nicht an einer lebendigen Theologie fehlt, wird in Be= „treff des Johannesevangeliums jeder Zweifel seine Lösung finden, „und jede Frage ihre Antwort erhalten.""

Utrecht im März 1867.

**Der Uebersetzer.**

# I.

## Die Aechtheit.

> „Die Einzigkeit und Erhabenheit des vierten
> „Evangeliums galt den Alten mit vereinzelten
> „Ausnahmen als ein besonderes Siegel seiner
> „Apostolicität. Es ist charakteristisch, daß es
> „derselbe Umstand ist, welcher es der neueren
> „rationalistischen Kritik vorzugsweise verdächtig
> „gemacht, oder vielmehr diese Kritik zu diesen
> „Verdächtigungen veranlaßt hat."
>
> J. P. Lange.

**Verehrte Versammlung!**

Apologetische Vorträge — ich habe doch den Vorwurf nicht zu fürchten, daß ich mit ihrer Ankündigung etwas durchaus Ueberflüssiges unternahm? Bis zu welchem Grade der Streit über Religion und Christenthum in unsern Tagen gestiegen ist, ist Keinem unter Ihnen unbekannt, vielmehr dürften Sie sich wundern, daß hier zu Lande kaum noch versucht wurde, was sonstwo, besonders in Deutschland und der Schweiz, bereits seit einigen Jahren mit erwünschtem Erfolge geschehen. Fühlt doch die Gemeinde des Herrn in steigendem Maße das Bedürfniß, unterwiesen zu werden, „auf daß sie gewissen Grund erfahre der Lehre, in welcher sie unterrichtet ist." Immer wieder treten ihr Streitfragen gegenüber, die mit Recht ihr Interesse erregen, jedoch von der Kanzel nicht nach Gebühr beleuchtet werden können. Was Wunder, wenn neben der Kanzel der Katheder eine Macht geworden ist, eine Macht indessen, — ich sage es nicht ohne Scham auch über eigene Nachlässigkeit — die bis jetzt vielleicht mehr zur Bestreitung als zur Vertheidigung der guten Sache gedient hat. Fürwahr, wer Etwas zu sagen hat zur Verantwortung und zur Empfehlung seines allerheiligsten Glaubens, thut wohl daran, es auch an dieser Stelle und auf diese Weise zu thun. Dies wenigstens ist unsere Ueberzeugung schon lange, und Ihre Gegenwart an diesem Orte beweist, daß sie auch die Ihre heißen mag. In der That, handelte es sich hier um nichts Anderes, als um unbedeutende und unfruchtbare Fragen, so ist besonders in den letzten Monaten genug geschehen, was uns veranlassen könnte, unseren Blick mit Gleichgültigkeit, fast hätte ich gesagt mit Widerwillen, davon abzuwenden nach einem ganz anderen Gebiete. Indessen, was ist selbst der blutigste Kampf auf socialem und politischem Gebiete, verglichen mit dem Kampfe um die höchsten Lebensfragen, was die gefährlichste Krankheit, verglichen mit der Qual des Unglaubens, der dem Kranken schließlich den einigen Trost im Leben und im Sterben raubt? Je mehr Erschütterungen und Uebergänge wir erleben oder erwarten in dem Wechsel der Dinge um uns her, um so mehr fühlen wir uns gedrungen nach dem festen Grunde der Dinge zu fragen, von denen wir bisher glaubten und hofften, daß sie unerschütterlich wären. Je räthselhafter und je dunkler in mancher Hinsicht die Zeiten dieses Jahrhunderts geworden sind, um so weniger können wir schließlich den Schlüssel zu dem Räthsel, das Licht in der Finsterniß entbehren; und dieses Licht und dieser Schlüssel ist nach unserer innigsten Ueberzeugung in dem Worte der Wahrheit zu finden. Wer daher dieses Wort Blatt für Blatt vor meinen Augen zerreißt, der nimmt mir gerade, was ich in schweren Zeiten am allerwenigsten entbehren kann. Wer mir, wenn auch nur einen einzigen Theil dieses kostbaren Schatzes wieder erobert, der hat zugleich ein geistiges Kapital mir gesichert, dessen Rente auch während der bedenklichsten Krisis nicht sinkt, sondern stets verläßig und im Steigen ist.

Apologetische Vorträge über das Leben Jesu — auch diese Ankündigung hat, wie ich glaube, ebensowenig eingehende Beleuchtung als Entschuldigung nöthig. Ist es doch allgemein bekannt, daß gerade hier der Mittelpunkt liegt und liegen bleibt, um den der Kampf sich dreht, der in unsern Tagen noch immer mit wechselndem Glücke geführt wird. Auch der neue Roman, den Renan uns kürzlich als Geschichte aufgetischt hat, als er seine „Apostel" herausgab, vermag unsre Ueberzeugung in diesem Punkte nicht zu ändern. Gewiß, auch die Geschichte des apostolischen Zeitalters ist wichtig, aber nie wird sie so viele Zungen und Federn in Bewegung setzen, als die Geschichte von Christo selbst, als selbst die johanneische Frage allein. Natürlich, steht die evangelische Geschichte fest, dann ist auch der Standpunkt gesichert, von dem aus die Worte, Thaten und Schicksale der Apostel erklärt und dargestellt werden können. Ist hingegen Christus nichts mehr, als uns der moderne Naturalismus verkündigt, dann wird es uns bis zu einem gewissen Grade ziemlich gleichgültig, ob das Evangelium seine ersten Triumphe über die jüdische und heidnische Welt der Schwärmerei, dem Betrug, oder wohl, unter Mitwirkung allerlei günstiger Umstände, einem Gemisch aus beiden zu verdanken hat. Wie eng diese beiden Fragen auch unter sich verbunden sind, so steht ihr Gewicht sich doch bei Weitem nicht gleich. Der Größte der Apostel ist im Grunde nichts Anderes, als der kräftige Arm, mit welchem das Schwert des Geistes geführt wurde; allein Christus ist das lebendige Haupt der Gemeinde. Nimm mir die Apostelgeschichte, und meine Vorstellung von der Entstehung der Kirche mag wohl nebelhafter werden, aber noch immer sind die apostolischen Briefe da, um mich im Allgemeinen zu derselben Vorstellung zu bringen, die in ihren Einzelheiten durch die Apostelgeschichte bestätigt und beleuchtet wird. Nimm mir dagegen die vier Evangelien, ja das von Johannes allein, und mein ganzes Bekenntniß von Christo wird einer Berichtigung bedürfen, deren Folgen für die Glaubens- und Sittenlehre sich kaum berechnen lassen. In der That, der christliche Theologe, insbesondere der Schreiber eines Lebens Jesu, der stillschweigend Alles sagen läßt, was so in der letzten Zeit gegen den apostolischen Christus vorgebracht wurde, läuft Gefahr, durch seine zaghafte oder scheinbar ohnmächtige Haltung einen befremdenden Eindruck zu machen. Und das wäre doch zu beklagen, weniger seinetwegen, als um der heiligen Sache willen, die er vertritt.

Und nun endlich, solche apologetische Vorträge über das Leben Jesu vor einem gebildeten, wenn auch nicht gerade gelehrten Zuhörerkreise — ich gestehe, daß dieser Gedanke seit lange schon mich anzog; muß ich fürchten mißverstanden zu werden, wenn ich zugleich erkläre, daß ich die Aufgabe, der ich mich ganz aus freien Stücken unterzog, nicht ohne Bedenken in Angriff nehme? Lassen Sie mich sogleich hinzufügen, daß es keineswegs Zweifel ist an dem guten Rechte der Sache, die ich vertrete, was mich einigermaßen bedenklich macht, sondern einzig und allein die Furcht, es möchte die Art und Weise ihrer Vertheidigung zu weit hinter ihrer Wichtigkeit zurückbleiben. Es ist vielleicht weit weniger schwierig, über eine wissenschaftliche Frage, so wie es sich gehört, zu Gelehrten zu sprechen, als die Früchte wissenschaftlicher Forschung in populärer Form so mitzutheilen, daß man ebensowenig an der Klippe der Undeutlichkeit, als an der der Oberflächlichkeit scheitert. Die babylonische Sprachverwirrung unserer Tage ist, fürchten wir, zu einem guten Theil auch dadurch entstanden, daß man vor dem Forum eines sogenannten gemischten Publikums Streitpunkte zur Sprache brachte, die im Rathe der Gelehrten erst noch reiferer Erwägung beburften; und fast möchte ich behaupten, daß, wenn die Unwissenheit in unserer Zeit ihre Tausend schlägt, das Halbwissen seine zehn- und zwanzig Tausend zu Falle bringt. Indessen ist die Sache nun einmal vor den Richterstuhl der Gemeinde gekommen, und was Baco erklärt von der Philosophie, das kann ebenso von der Theologie gelten, daß nämlich ein wenig davon gekostet von Gott (wie er sich in Christo offenbarte) wegführen kann, daß aber ein tieferes Erschöpfen derselben zu ihm zurückführt.

Es gibt eine Seite bei der Untersuchung der Quellen für die Lebensgeschichte des Herrn, die nur theilweise und mit Mühe dem Gesichtskreise eines Jeden nahegebracht werden kann, aber es gibt auch noch eine andere Seite derselben Frage, die auch der einfache Mann zu beurtheilen vermag ebensogut, vielleicht selbst besser als der Gelehrte; denn bei diesem hält die Schärfe des Auges nicht immer gleichen Schritt mit der Frische und Tiefe des Blicks. Die äußeren Zeugnisse für die Aechtheit eines oder mehrerer Evangelien, welch unschätzbaren Werth sie im Uebrigen auch besitzen, sind und bleiben immer derart, daß es schwer ist billig und selbständig darüber zu urtheilen, solange man sich von der Geschichte des zweiten und dritten Jahrhunderts keine Kenntniß erworben hat; und diese kann ja in der Regel von einem Laien — Sie erlauben mir den Ausdruck — nicht verlangt werden. Die inneren Beweise dagegen, nicht alten unbekannten Schriftstellern, sondern dem Inhalt der Evangelien selbst entlehnt, sind so zahlreich und dabei so überzeugend, daß sie in manchen Fällen von jedem Ungelehrten aber Vorurtheilsfreien wohl ebenso gut untersucht und geprüft werden können, als man kalt und warm, bitter und süß erkennen und unterscheiden kann. Den Werth aller biblischen Berichte über das Leben unsers Herrn genügend zu beleuchten, das ist eine Aufgabe, deren befriedigende Lösung, wenigstens innerhalb des beschränkten Zeitraums von nur wenigen Stunden, unser Vermögen übersteigt. Aber mindestens eine einzige Quelle näher zu betrachten, und zwar vorzüglich die, welche auf der einen Seite am höchsten geschätzt, auf der andern am heftigsten bestritten wird, dies ist ein Unternehmen, das vielleicht nicht über meinen Kräften und gewiß nicht außer Ihrem Interesse liegt. Persönlich zu streiten auch gegen Solche, welche von ganz entgegengesetzten Grundanschauungen und Prinzipien ausgehen — die Geschichte der letzten Jahre hat zur Genüge gezeigt, daß dies eine ebenso unfruchtbare als unerquickliche Arbeit ist. Aber wo die Stimme der Verneinung sich immer lauter und lauter erhebt, stets freimüthiger Zeugniß abzulegen von dem, was man an sich selbst als Wahrheit und Leben erfahren hat, und einen wohlgegründeten Glauben gegen mancherlei Widerspruch stets von Neuem vertheidigen zu helfen — nennen Sie mir eine Aufgabe, die der Christ, der Prediger, der Theologe auch in unserer Zeit mit größerer Freude übernehmen könnte?

Somit sind wir nun dabei angelangt, auszusprechen, was unser Vorhaben ist, wie wir glauben unsere Aufgabe lösen zu müssen, und was wir dabei von unsern Zuhörern verlangen. Es ist unser Plan in dieser und einigen folgenden Stunden Ihre Aufmerksamkeit auf das Evangelium des Johannes zu lenken, mit der bestimmten Absicht, zu erfahren, ob und inwiefern es als geschichtliche Quelle des Lebens unsers Herrn Vertrauen und Werthschätzung verdient. Wir wünschen Sie dabei so wenig als möglich auf ein Gebiet zu führen, auf dem Sie nur schwer mit eigenen Augen sehen können, sondern Sie vielmehr auf das Evangelium selbst, als den besten Anwalt für das Evangelium, hinzuweisen. Wir haben nicht die Absicht, eine Beurtheilung, noch weniger eine directe Widerlegung dessen zu geben, was in letzter Zeit, sowohl innerhalb als außerhalb unsers Vaterlandes, nach unserm Ermessen Unwahres und Unwürdiges über das vierte Evangelium gesagt wurde; gelingt es uns ein helles Licht zu verbreiten, der Schatten weicht dann von selbst zurück. Lieber gehen wir thetisch als polemisch zu Werk; darf doch nicht Feindseligkeit, sondern Aufrichtigkeit unsre Losung sein. Es handelt sich hier ja nicht um ein Suchen eigner Ehre, sondern um ein Handhaben der Ehre der heiligen Schrift; nicht um ein Niederreißen allein, sondern um ein Aufbauen und Erbauen, um ein Sicherstellen des festen Grundes, auf dem der Glaube an den apostolischen Christus ruht. Daß wir unbeweglich kalt bleiben sollten bei der Besprechung dessen, was uns — wir verbergen es nicht — im vollsten Sinne Lebensfrage ist, das werden Sie selbst nicht verlangen. Doch wünschen wir die Vertheidigung mit all der Ruhe zu führen, welche das Bewußtsein einer guten Sache uns zu geben vermag, und am Wenigsten das apostolische Wort zu vergessen: „als mit den Klugen rede ich, richtet ihr, was ich sage". Nur legen Sie bei Ihrer Beurtheilung nicht den Maßstab der Willkür, sondern der Billigkeit an; heben Sie Ihr Endurtheil auf, bis Sie zu Ende gehört, bis Sie Alles wohl erwogen haben, und lassen Sie in dem vollen Bewußtsein der Beschränktheit und Mangelhaftigkeit alles menschlichen Wissens Ihr Herz zugleich mit dem meinen ein Amen sagen auf das stille Gebet: Heiliger Vater, heilige uns in deiner Wahrheit, dein Wort ist die Wahrheit!

---

Wenn wir nach dem Gesagten nun dazu übergehen, über die Aechtheit des Johannesevangeliums zu reden, so wird gewiß Niemand leugnen, daß wir uns auf das Gebiet einer der brennendsten Fragen wagen, und ebensowenig, daß die Aechtheit und Glaubwürdigkeit des vierten Evangeliums ein Gegenstand höchster Bedeutung genannt zu werden verdient. Gewiß, man kann das Gewicht auch dieser gleich jeder andern Frage überschätzen; der Verlust eines einzigen Bibelbuches ist der Untergang des Christenthums noch nicht. Wir geben bis zu einem gewissen Grade bereitwillig zu, unsern Christus würden wir noch nicht entbehren, hätten wir auch unsern Johannes verloren; die christliche Kirche hat wenigstens ein halbes Jahrhundert, wiewohl unter ganz andern Umständen, ohne dies Evangelium gelebt und geblüht.*) Daran halten wir vielmehr in erster Linie fest: schon die drei ersten Evangelien beweisen zur Genüge, daß Christus unendlich mehr ist, als die Theologie heutigen Tages aus ihm machen will; solange man uns wenigstens ihre Berichte unverstümmelt behalten läßt, ohne bei jedem Ton, der in einigen Ohren etwas übermenschlich klingt, uns abzuweisen mit dem willkürlichen Machtspruch: „Ich für meine Person glaube nicht, daß Jesus dieses große Wort gesprochen hat." Noch mehr, läßt man uns nur die vier paulinischen Briefe, deren Aechtheit sogar die Tübinger Schule nicht leugnen konnte, ich meine die an die Römer, Corinther und Galater, allein mit diesen vieren in der Hand kann ich meinen Glauben an den übernatürlichen Ursprung des Christenthums und den übermenschlichen Charakter seines Stifters rechtfertigen. Es ist einfach nicht wahr, daß die sogenannte moderne Richtung triumphirt habe, falls nur die Unächtheit des Johannes dargethan ist; auch dann noch blieben

---

*) Nach Tholuck, Glaubwürdigkeit der ev. Gesch. S. 323 schöpft auch die heutige griechische Kirche ihre Vorstellung von Christo beinahe ausschließlich aus den drei ersten Evangelien, ohne daß sie darum aufhört zu bestehen. Ob sie indessen bei dem Fehlen des johanneischen Elements blüht, ist eine andere Frage.

Thatsachen und Fragen übrig, denen kein Unparteiischer gegenübertreten
kann, ohne sogleich ihre Unhaltbarkeit einzusehen. Aber darf es uns
darum so ganz gleichgültig sein, ob wir auch von dem vierten Evangelium ruhig können Abstand nehmen, wenn wir die Geschichte dessen
untersuchen, den wir als unsern Herrn und Heiland bekennen? —
Verehrte Zuhörer! Wir leben in einer Zeit, in der auch in dem Sinne
die Liebe Vieler erkaltet ist, daß Manches, was ihnen früher theuer war,
in ihren Augen seinen alten Werth verloren hat. Doch so tief gesunken, so erkaltet, so blasirt (man gestatte mir den Ausdruck) kann ich
mir doch die Stimmung der Gemeinde nicht denken, daß der Verlust
eines Evangeliums, von dem einmal ein Apostel der Humanität, der
berühmte Herder ausrief: „ein Engel hat es geschrieben", daß ein
solcher Verlust ihr ganz und gar nicht zu Herzen gehen sollte. Denn
— das dürfen wir uns nicht verbergen, wenn wir einander nicht mit
hochklingenden Redensarten irreleiten wollen — wir hätten dieses Evangelium ganz gewiß verloren, für Glauben und Leben auf immer
verloren, wenn es sich ergäbe, daß es nicht mehr sei, als ein
theologischer Roman, ein historisch gefärbtes Drama, zu dem man
es jetzt stempeln will. Man spricht so oft davon, was ein „gewissenhafter Mensch", der „das wehmüthige Vorrecht hat zu denken"*)
in unsrer Zeit vermag oder nicht vermag. Aber ich frage: Wie lange
wird solch ein gewissenhafter Mensch es noch der Mühe werth halten,
Christum „das Brod des Lebens, das Licht der Welt, den guten Hirten,
die Auferstehung und das Leben" zu nennen — wenn es sich nämlich
ergibt, daß diese und andre Bezeichnungen eigentlich nichts anderes sind,
als Privatmeinungen eines obscuren Romanschreibers aus der Hälfte des
zweiten Jahrhunderts, der Kirche und Welt mit frommem Betrug irre-
geführt hat? Mich dünkt, ein gewissenhafter Mensch wird wenigstens
auf dem Lehrstuhl der Wahrheit sich nicht unehrlichen Wortspiels schuldig machen, und ein andrer gewissenhafter Mensch, der ihn auf solch
jesuitischer reservatio mentalis ertappt, wird den theologischen Betrüger
— verachten. — Wozu noch mehr? Sollte es für die Bedeutsamkeit
des Gegenstandes noch eines Beweises bedürfen, es würde die Heftigkeit sein, womit seit den letzten drei Jahren dies Evangelium bestritten
wurde von Solchen, die nun Renan schon weit überholt haben. Soviel
Gelehrsamkeit und Scharfsinn wäre nicht aufgewendet worden, um wenn
möglich die Unächtheit des vierten Evangeliums darzuthun, wenn man

---

*) Worte von Pierson.

nicht zu der Einsicht gekommen wäre, daß es durchaus unmöglich sei, der sogenannten modernen Weltanschauung einen sichern Triumph zu bereiten, solange dies Evangelium stehen bleibt. Was auf historischem Gebiete die Auferstehung des Herrn ist, ist gegenwärtig auf kritischem Gebiete die Authentie des Johannesevangeliums geworden, das allbeherrschende Schibboleth; und schwerlich wird man die Bemerkung von Strauß leugnen können, daß man bei sich selbst erst über Johannes und sein Verhältniß zu den Synoptikern zur Klarheit gekommen sein müsse, ehe man über die Geschichte des Herrn ein Wort mitreden könne. Thöricht fürwahr der, der bei solcher Lage der Dinge sich allzuleicht zufrieden gibt. Wenn Jemand, während er im Begriffe steht sich an unsern kostbarsten Juwelen zu vergreifen, uns sagt, daß der Verlust derselben nicht so viel zu bedeuten habe, ja daß wir ihm eigentlich zu großem Danke verpflichtet seien, weil er uns von einer gefärbten Glasperle abgeholfen habe, so kann er doch schwerlich erwarten, daß wir allein dieser Versicherung zu Liebe ihn ungestört sollten gewähren lassen.

Nur noch eine Bemerkung voraus, aber dann auch sogleich zur Sache. Die Bestreitung des Johannesevangeliums — denn diese Benennnng wollen wir vorläufig noch beibehalten — ist keineswegs neu, aber auch noch nicht so alt, daß sie schon eine lange Geschichte hinter sich hätte. Sie begann in England (1792) durch einen gewissen Evanson, und wurde in Deutschland nach Vorgang einiger Anderen im Jahre 1820 von dem auch hier zu Lande nicht unbekannten Bretschneider fortgesetzt. So kräftig wurde indessen das angegriffene Terrain von verschiedenen Seiten vertheidigt, daß der letztgenannte Bestreiter öffentlich seine Einwände zurücknahm und erklärte, sein Zweck, zu festerer Ueberzeugung zu kommen, sei vollständig erreicht. Nun kam auch für das vierte Evangelium eine Zeit fünfzehnjährigen Friedens, der aber 1835 durch Strauß in der 1. Ausgabe seines Leben Jesu gestört wurde. Doch — so stark ist die Macht der Wahrheit selbst bei ihren hartnäckigsten Gegnern — fühlte sich Strauß nach kräftigem Widerspruch gedrungen, in seiner 3. Auflage (1838) zu erklären, daß er von der Unächtheit nicht mehr überzeugt sei, und das Recht seines eigenen Zweifels in Zweifel ziehe. In der 4. Auflage dagegen (1840) nahm er dieses Zugeständniß zurück, nicht auf Grund neuer Argumente, sondern, wie es scheint, unter dem Eindrucke schmerzlicher Lebenserfahrungen; und in seiner populären Bearbeitung desselben Werkes (1864), beinahe 25 Jahre später, reichte er unbedenklich die Hand der mittlerweile aufgekommenen Kritik der Tübinger Schule, die das Johannesevangelium als eine „kunstreiche Composition" zergliedert hatte. Es war insonderheit diese Schule, welche, auch von andern Seiten unterstützt, die Authentie dieses Evangeliums mit solcher Heftigkeit bestürmte, daß man nicht ohne Grund von einer „modernen Revolte" gegen den johanneischen Christus sprechen könnte. Aber auch hier wieder zeigte es sich, wie das Feuer das Stroh verzehrt, das Gold nur um so herrlicher erglänzen läßt. Um von der Vertheidigung der Aechtheit im Auslande zu schweigen, so wurde dieselbe in unserm Lande, besonders von den Leydener Professoren Niermeyer und Scholten mit gutem Erfolge versucht. Auch von Seiten der Utrechter und Groninger ließen sich gewichtige Stimmen vernehmen, und in Amsterdam fand das Evangelium an da Costa einen warmen Fürsprecher. Kurz, vor zehn Jahren und später noch, waren hier zu Lande alle namhaften Theologen über die Anerkennung der Aechtheit und des Werthes des Johannesevangeliums in der Hauptsache mit einander eins. Zwischen den verschiedenen Schulen und Richtungen herrschte in dieser Hinsicht Einstimmigkeit, und auch in Deutschland rechneten Theologen ersten Ranges, ein Lücke, Ebrard, Ewald, Bleek, Hase u. v. a. es sich zur Freude und Ehre, mit voller Ueberzeugung und warmer Sympathie, soweit es nöthig war, die Vertheidigung des Johannes zu führen.

„Woher kommt es denn," so fragen Sie wohl," „daß sich nun seit den letzten Jahren und Monaten der Sturm aufs Neue erhoben hat? Wurden denn mit einem Male in diesem Evangelium Schwierigkeiten entdeckt, die früher Niemand ahnte, und die mit seinem apostolischen Ursprung nicht vereinbar sind? Oder haben sich auf einmal neue Zeugen des Alterthums dagegen vernehmen lassen? Und wenn auch dies nicht, sind denn die früheren veraltet, widerlegt, zum Schweigen gebracht?"

Weder das Eine noch das Andere, verehrte Versammlung! Die Sache selbst mit ihrem Für und Wider steht wohl noch so ziemlich auf derselben Stufe wie früher; bloß das Auge, womit die Sache betrachtet wird, hat sich allmälig verändert, oder lieber, die Augen sehen jetzt durch eine gewisse Brille, die es unmöglich macht, dies Evangelium für etwas Anderes, als für eine unhistorische und deßhalb unächte Schrift anzusehen. Sie haben in früheren Jahren gewiß mitunter von Orthodoxophobie reden hören? Nun, die Miraculophobie jüngeren Datums ist ein nicht weniger herrschendes und hartnäckiges Uebel. Die Kritik wird beherrscht von philosophischen Begriffen und Ansichten, die bereits stillschweigend voraussetzen, daß Dies oder Jenes auf keinen Fall geschehen sein dürfe und könne. Angesichts jeder Schrift von so hohem Alter bieten sich gar leicht Fragen und Erscheinungen dar, die, sobald man nun einmal zweifeln will, das natürliche Mißtrauen wecken und vielleicht bis zu gewissem Grade rechtfertigen. Gänzlich neue Waffen gegen das vierte Evangelium sind unseres Wissens auch in jüngster Zeit nicht gefunden, wohl aber sind — dies muß zur Ehre der Bestreiter gesagt werden — die alten, welche den Vorgängern mehrmals aus der Hand geschlagen waren, aufs Neue geschärft und mit soviel Geschick gegen einige Punkte gerichtet worden, daß dieselben wirklich bedroht scheinen könnten. Es gibt auch bei der kritischen Operation eine Kunst, die man kaum besser als mit dem Ausdrucke l'art de grouper les chiffres bezeichnen kann, wohl zu unterscheiden von l'art de verifier les dates. Es gehört sogar nicht einmal besondere Geschicklichkeit dazu, die Beweise für eine gute Sache in den Schatten, die Gründe dagegen so in das Licht zu stellen, daß bei einem wohlmeinenden aber nicht allzeit gehörig unterrichteten Betrachter der Eindruck ein ziemlich ungünstiger, vielleicht ein höchst schmerzlicher wird. Es fällt so schwer nicht, das Helle trüb, das Einfache verwickelt, das allgemein Anerkannte als so wenig begründet darzustellen, daß der Uneingeweihte kaum mehr weiß, wie er eigentlich daran ist; und sicherlich hat der Scharfsinn des kritisch zerlegenden Verstandes nie größere Hoffnung auf Sieg, als wenn er unter dem Einfluß von Mode und Zeitgeist in den Dienst systematischer Zweifelsucht tritt.

Sie werden später selbst entscheiden können, inwiefern diese allgemeinen Bemerkungen auch auf diesem Gebiete ihre Anwendung finden können. Soviel ist sicher, daß eine so materialistische Zeit, wie die unsre, nicht eben viel Sympathie für das so pneumatische Johannesevangelium verspüren kann. Der moderne Naturalismus begreift wohl, daß er sein Testament machen kann, wenn wirklich dieser Apostel diese Dinge der Wahrheit gemäß bezeugt hat. Ziemlich natürlich, daß man lieber das Todesurtheil des johanneischen Christus, als sein eigenes unterschreibt. Unparteiisch, heißt es, will man untersuchen, ob die Gründe für die Aechtheit des vierten Evangeliums genügend sind, aber selbst unwillkürlich schraubt man die Bedingungen, auf welche hin man sich ergeben will, immer höher und höher; und man muß sie höher schrauben, weil die Anerkennung der Aechtheit nothwendig zu Schlüssen führen würde, die man nun einmal nicht zugeben kann, man müßte denn den modernen Gottesbegriff und die damit zusammenhängende Weltanschauung aufgeben; doch dazu fühlt man natürlicher Weise durchaus keine Neigung. —

„Ob wohl nach unserer Meinung die Art, wie heutzutage das vierte Evangelium bestritten wird, den Namen parti pris verdient?" Es kostet uns, aufrichtig gestanden, wenigstens dann und wann Mühe, dieses Wort von unsern Lippen zu verbannen, wenn wir gewahren, wie leichtfertig mitunter die triftigsten Gründe, die zu Gunsten des Angeklagten sprechen, zur Seite geschoben, oder als non avenu angemerkt werden. Es scheint wenigstens nicht geleugnet werden zu können, daß die Wahrnehmung, wie der bekannte Roman von Renan zum Theile mißglücken mußte, weil er an Johannes noch festhielt, die Opposition seiner Gesinnungsgenossen gegen dieses Evangelium zu einer früher nicht gekannten Höhe gesteigert hat; eine Opposition, die mit Bedacht vorbereitet, mit Keckheit verkündet, mit Geschick und Talent begonnen, fortgesetzt und festgehalten, zugleich aber auch mit soviel Gewandtheit populär gemacht und von geringeren Größen benutzt wurde, daß man unwillkürlich an das bekannte Dichterwort erinnert wird: „Wenn die Könige bauen, haben die Kärrner zu thun." Ob nun bei den Vertretern des allerneuesten Neuen die so tief gefallenen Actien des Johannes wohl wieder anfangen werden zu steigen, da man sieht, daß Renan zufolge seiner „Apostel" durchaus unverbesserlich an der Aechtheit des Johannesevangeliums festhält, und daß sonach selbst der vermessenste Revolutionär in diesem wichtigen Punkte sich als ein Conservativer zeigen kann? Unmöglich ist es freilich nicht! Manche Gelehrte der Gegenwart haben uns in jeder neuen Auflage ihrer Schriften an eine volte-face gewöhnt; wer weiß, was wir binnen wenigen Monaten noch erleben! Was etwa noch kommt oder nicht kommt, wollen wir ruhig abwarten; nehmen wir inzwischen unser Evangelium selbst zur Hand, und fragen wir seinen Verfasser, was einstmals nach seinem Berichte die Juden seinem bekannten Namensgenossen frugen: „was sagst du von dir selbst?"

---

„Was sagst du von dir selbst" — ebensowenig als Matthäus, Marcus und Lucas hat Johannes sich als Verfasser seines Evangeliums genannt. Auch die gewöhnliche Ueberschrift: „Evangelium nach (κατά)

Johannes", späteren Ursprungs und verschiedener Auffassung fähig, gewährt hier noch keine absolute Gewißheit. Wir müssen deßhalb auf eine Entdeckungsreise ausgehen, um dem vorläufig noch anonymen Autor auf die Spur zu kommen, eine um so schwierigere, zugleich aber auch lockendere Aufgabe, weil er sich vorsätzlich mehr in den Hintergrund stellt, als deutlich an's Licht tritt. Ist, wie wir auf gute Gründe hin glauben, das letzte Kapitel von derselben Hand, welche die zwanzig vorhergehenden schrieb,\*) so charakterisirt sich dort (Kap. 21, 20—24) der Autor selbst als „den Jünger, welchen Jesus lieb hatte, der von diesen Dingen zeuget, und dieses geschrieben hat." Aber auch so läßt er das Geheimniß seines Namens nur errathen, höchstwahrscheinlich weil dieser Name seinen ersten Lesern nicht unbekannt war. Schon dieses Verschweigen läßt indessen vermuthen, daß der Autor keine obscure, sondern eine ziemlich bekannte Person gewesen sein muß, und spricht jedenfalls mehr zum Vortheil als zum Nachtheil des apostolischen Ursprungs. Oder warum sollte ein Falsarius, der den Eindruck machen wollte, kein Geringerer, als der Apostel Johannes selbst zu sein, sich nicht beeilt haben, seine Schrift mit diesem hochgefeierten Namen zu schmücken, ebenso wie z. B. der Verfasser des 2. Petrusbriefes — gesetzt einmal, nicht angenommen, er sei unächt — sofort damit beginnt, sich als „Simon Petrus, ein Knecht und Apostel Jesu Christi" zu bezeichnen? Mich dünkt, wenn in diesem letzteren Falle die Nennung des Apostelnamens das Vermuthen der Unächtheit entstehen läßt, daß dann auch das Verschweigen desselben in unserm Evangelium dazu berechtigt, die Aechtheit vorauszusetzen. Doch dies nur im Vorbeigehen; mehr als die bloße Möglichkeit, volle Gewißheit verlangen wir, und es fällt uns nicht schwer, auch diese zu finden, sobald wir nur dem großen Unbekannten, der hier vor uns steht, etwas schärfer ins Angesicht blicken.

Jedenfalls, das ergibt sich doch sofort, muß der Verfasser **ein Jude** gewesen sein, und zwar ein palästinensischer Jude aus der Zeit unsers Herrn. Obschon er nirgends als seine Absicht andeutet, für Juden zu schreiben, führt er nicht weniger als Matthäus das alte Testament unaufhörlich an, und gibt offenbar zu erkennen, daß er nicht bloß mit der alexandrinischen Uebersetzung, sondern auch mit dem he-

---

\*) Man vergleiche über die Aechtheit von Joh. Kap. 21: J. J. van Oosterzee, Leven van Jezus, in der neuesten Auflage (1865) Th. 3. S. 433—436, sowie die dort angeführte Literatur.

bräischen Grundtext genau bekannt ist. Bis in Kleinigkeiten hinein bekundet er eine ausgedehnte Bekanntschaft mit jüdischen Sitten und Gewohnheiten. Nach der Zerstörung Jerusalems schreibend, malt er die heilige Stadt sammt ihren Bewohnern und Localitäten mit so lebendigen Farben, daß es uns zuweilen vorkommt, als seien Stadt und Tempel noch vorhanden. „Man entdeckt" — sagt einer der bedeutendsten Orientalisten Deutschlands, Heinrich Ewald — „man entdeckt überall in dem Verfasser einen Mann, der eine genaue Kenntniß des Zustandes in Galiläa und Judäa zur Zeit des Herrn besaß, einen Kenner, wie man ihn zu jener Zeit nur in einem Augenzeugen finden konnte." *)

Mit Unrecht behauptet man, daß er in feindseligem Tone von den Juden spreche. Freilich tritt hier die warme Sympathie für Israel, wie sie Paulus zeigt, nirgends zum Vorschein. Aber unter dem Einflusse gänzlich verschiedener Erfahrungen und Lebensumstände spricht sich das Nationalitätsgefühl bei dem Einen viel stärker aus als bei dem Andern. Zur Zeit des Paulus stand Jerusalem noch; als Johannes schrieb — angenommen, daß wir es hier mit diesem zu thun haben — war Stadt und Tempel und damit auch die sichtbare Scheidewand zwischen Juden und Heiden gefallen; das auserwählte Volk war schon kein Volk Gottes mehr, sondern trug die Strafe der Messiasverwerfung, und so sehr hatte die glühende Liebe zu Christo unsern Verfasser erfüllt und durchdrungen, daß sie auch das Nationalitätsgefühl überwog. Ueberdies ist es bekannt, daß, wo im vierten Evangelium von „den Juden" gesprochen wird, wir vorzüglich an die feindlich gesinnten Juden, die Partei der Sanhedristen denken müssen (z. B. Kap. 5, 15, 16, 18.), die uns auch in den andern Evangelien von einer sehr ungünstigen Seite gezeichnet werden; und wer konnte, als Busenfreund Jesu, dieser Partei gegenüber sich sanft und nachsichtig beweisen! Doch spricht die Wehmuth mit tiefer Entrüstung gepaart, verständlich genug in der Klage: „Er kam in sein Eigenthum, und die Seinen nahmen ihn nicht auf" (Kap. 1, 11). Kein Wunder, da er deutlich zeigt, daß die altisraelitische Messiaserwartung vollkommen die seine ist. Auch sein fleischgewordener Logos ist und bleibt der Christus, von dem Moses und die Propheten

---

*) Ebenso Weizsäcker über die evang. Gesch. 1864 S. 263: „Wir sehen uns so ganz in den jüdischen Gedankenkreis und das jüdische Leben versetzt, daß von dieser Seite nicht nur die Absicht diese Beziehungen eingehend zu schildern, sondern auch eine eigenthümliche Erinnerung, welche den Stoff dazu gibt, anerkannt werden muß."

gezeugt, der selbst erklärt: „das Heil kommt von den Juden", und der in dem sinnreichen Wort: „Wir wissen, was wir anbeten", sich auf eine Linie mit dem Volke Israel stellt. Ebenso unser Verfasser selbst; seine ganze Sprache bekundet ihn als einen Sohn Abrahams, als einen Israeliten, der aber seinen Messias gefunden hat, und in ihm das Licht und das Leben der Welt. Der jüdische Grundtypus seiner Persönlichkeit wird von einem neuen christlich-philosophischen Elemente beherrscht — nicht verwischt, und tritt für ein aufmerksames Auge immer wieder in überraschender Weise zum Vorschein.

Ebenso deutlich ist es, daß dieser Israelit dem engsten Kreise der Freunde und Zeitgenossen des Herrn angehört haben muß. Der Widerschein des Lichtes der Welt strahlt uns gleichsam entgegen aus dem Antlitz des Mannes, der in heiliger Entzückung ausruft: „Wir sahen seine Herrlichkeit" (Kap. 1, 14). Es ist in der That die Willkür selbst, bei diesem Worte an rein geistige Intuition zu denken, die mit sinnlicher Anschauung so gut wie Nichts zu thun gehabt haben sollte. Vielmehr klingt es uns wie ein Ton unvergeßlicher Erinnerung und persönlicher Lebenserfahrung, wie eine Stimme aus dem Herzen des Apostelkreises heraus. Der es ausspricht, redet zugleich im Namen Andrer, mit denen er sich Eins fühlt, nicht vermöge der Gabe der Intuition, sondern im Besitze eines unvergleichlichen Vorrechts. Doch später sieht er auch von ihnen ganz ab; er tritt auf, steht selbständig da, und spricht: „Der das gesehen hat, der hat es bezeuget, und sein Zeugniß ist wahr; und derselbe weiß, daß er die Wahrheit saget." So spricht er als Augenzeuge (Kap. 19, 35) von einer so materiellen Thatsache, wie der Oeffnung der Seite des Herrn mit ihren bekannten Folgen. Stets erkennt man ihn denn auch als einen Solchen wieder, schon am Gebrauche des Präsens, in dem er seine Erzählungen zum großen Theile niederschreibt, mehr noch an der Art und Weise, wie er uns beständig auf den Schauplatz der Ereignisse zu versetzen weiß. Was kann anschaulicher sein, als die Schilderung vom Stand und Streit der Parteien zu Jerusalem im siebenten Kapitel; was plastischer, frischer, naiver, als im neunten die Zeichnung des Blindgebornen, seiner Eltern, seines Verhaltens dem Sanhedrin gegenüber, seines Zusammentreffens mit dem Herrn? — In der That, solche Erzählungen sind der frischgeschnittenen Traube vergleichbar, auf welcher der Morgenthau noch perlt; und tief bedauere ich den, der bei wiederholt aufmerksamem Lesen Nichts von diesem Eindruck verspürte, sondern allein dachte an die kunstreiche

Schöpfung eines anonymen Componisten, der, o der unerhörten Zusammenstellung, mit einem so unvergleichlichen Talente so kunstlose Einfachheit verbinde.

Unleugbar bewegt sich unser Autor als Vertrauter unter den Freunden und Freundinnen des Herrn, und weiß jedesmal noch etwas mehr, als seine Vorgänger wissen. Die Hauptpersonen, (mit Ausnahme des Petrus) von diesen nur in allgemeinen Umrissen gezeichnet, treten hier beseelt und handelnd auf. Den Bar-Tholomäus, sonst nicht weiter erwähnt, lernen wir hier unter seinem eigentlichen Namen Nathanael kennen; Thomas, sonst nur dem Namen nach bekannt, erscheint hier dreimal,\*) zweimal nur im Vorbeigehen, einmal als Hauptperson bei der Erscheinung des Auferstandenen, aber in allen diesen Momenten so treffend, und dabei so ungesucht mit demselben Charakter, daß der Verfasser als ein Malergenie in drei hingeworfenen Pinselstrichen uns eine Physiognomie erblicken läßt, die von allen andern sich bestimmt unterscheidet, und nur aus seiner eignen Erinnerung erklärlich ist. Er bietet einen Schatz von Details, die scheinbar gleichgültig sind, und kaum anders erklärt werden können, als allein aus dem so natürlichen Bedürfniß des Augenzeugen, bis auf's Unbedeutendste die für sein Herz so unschätzbaren Erinnerungen niederzuschreiben.

Die Anzahl und Größe der steinernen Wasserkrüge zu Kana, deren Inhalt in Wein verwandelt wurde; der Betrag der Pfunde Myrrhe und Aloe, die Nicodemus bei dem Begräbniß verwendete, die richtige Zahlangabe der im See Tiberias gefangenen Fische — in der That, so man nicht in die Thorheiten der allegorischen Interpretation der johanneischen Zahlangaben verfallen will, welche zuweilen (sonderbar genug!) von unsern modernen Rationalisten begünstigt wird, so wird man anerkennen müssen: gerade weil sich bei solchen scheinbar geringen Details kein vernünftiger Zweck angeben läßt, müssen sie ihren natürlichen Grund in dem persönlichen Bedürfniß des Verfassers gehabt haben. Dazu kommt, daß er recht gut weiß, nicht allein was und wie, sondern auch wann die Dinge sich zutrugen. Sein Evangelium fließt über von chronologischen Andeutungen, die mehr von psychologischem als von historischem Gesichtspunkte aus Bedeutung haben. Sie legen Zeugniß ab von dem unverkennbaren Streben, während des Schreibens die Thatsachen sich selbst nochmals möglichst genau in ihrem gegenseitigen Zusammen-

---

\*) Joh. 11, 16; 14, 5; 20, 24—29.

hang vor Augen zu stellen, und sie von den Lesern so miterleben zu lassen, als seien sie selbst mit ihm Augenzeugen. Schon im 1. Kapitel werden wir auf die geordnete Aufeinanderfolge der Tage, selbst auf die 10. Stunde aufmerksam gemacht; dann, (Kap. 4, 6) auf die 6. Stunde, als der Herr sich auf den Brunnen setzte; auf die 7. (Vers 52) als das Fieber einen Kranken verließ; Alles Data ohne denkbare Absicht, aber eben darum nicht ohne große Bedeutung, weil sie ganz unwillkürlich an einen Augenzeugen erinnern.

Und wie merkwürdig, die chronologischen Andeutungen treffen wir meistens zu Anfang und zu Ende der Geschichte. Sind nicht auch wir gewöhnt, wenn wir an früher Erlebtes zurückdenken, mit Vorliebe gerade die einzelnen Momente des Anfangs und Endes zu merken, während die der Zwischenzeit selbst für das beste Gedächtniß verhältnißmäßig zurücktreten.

Ich glaube, wir können kaum irren, wenn wir den Verfasser im Apostelkreise suchen. Von den Aposteln nun werden die meisten in unserm Evangelium deutlich genannt. Judas Thaddäus wird ein-, Philippus zwei-, Andreas vier-, Thomas fünf-, der Verräther acht-, Petrus dreiunddreißigmal namentlich erwähnt. Es ist kein einziger Grund, in einem von ihnen den vertrauten Jünger zu suchen, der hier als Augenzeuge erzählt.\*) Nur zwei Hauptnamen vermissen wir, Jacobus, den Sohn des Zebedäus, der schon frühe durch Herodes enthauptet wurde (Apstg. 12, 2), und also als Verfasser dieses letzten der Evangelien nicht weiter in Betracht kommen kann, und Johannes: Johannes, neben Petrus und Jacobus den vertrautesten Jünger Jesu, und einen der sogenannten Säulenapostel! Daß dessen Name im vierten Evangelium völlig ignorirt wird, ist durchaus unerklärlich, es sei denn, daß er selbst diese Schrift verfaßt habe. Daß Er und Niemand sonst der „andre Jünger" gewesen ist, den wir so beständig neben Petrus genannt finden, der mit den Frauen bei dem Kreuze stand, und am leeren Grabe zuerst die Auferstehung des Meisters glaubte, kann nach all dem Gesagten kaum noch einem Zweifel unterliegen. Zudem ergiebt sich dieses indirect, aber unzweideutig, aus der Erwähnung der unvergeßlichen zehnten Stunde (Kap. 1, 40), in welcher der Freund des Andreas und Petrus zum ersten Male zu Jesu gebracht wurde, einer Angabe,

---

\*) Der Einfall Lützelbergers, es sei Andreas gewesen, ist von Bleek widerlegt.

die entweder durchaus unmotivirt und zwecklos, oder eine unauslöschliche Erinnerung des Verfassers selbst an die seligste Stunde seines Lebens ist. Aber es erhellt vor Allem aus einem Zuge, der so ungekünstelt ist, daß die Wahrnehmung desselben uns beinahe zwingt, von unserm Verfasser zu sagen: „Seine Sprache verräth ihn"! Und was ist dies? Während die andern Evangelisten gewöhnlich von dem Vorläufer als von Johannes dem Täufer berichten (sehr natürlich, um ihn dadurch von seinen Namensgenossen aus dem Kreise der Zwölfe zu unterscheiden), erachtet es unser Verfasser nirgends nöthig, dem Vorläufer des Herrn diesen Beinamen zu geben. Sonst ist er in seinen Namensangaben genau und vollständig genug. Er spricht von Thomas, genannt Didymus, von Judas „nicht der Ischarioth", von Petrus als Simon Petrus, warum nie von Johannes dem Täufer, der gerade unter diesem Beinamen überall bekannt und geehrt war? Nur ein Grund ist denkbar: weil er selbst Johannes und als solcher bei seinen Lesern bekannt ist, hält er die Unterscheidung nicht für nöthig, ja sie kommt ihm vielleicht nicht einmal in den Sinn, weil er nicht wie die übrigen Evangelisten außer sich noch zwei Johannes kennt, von denen er zu seinen Lesern sprechen muß.

Gestehen Sie offen, können Sie annehmen, daß ein Betrüger, der unter dem Namen des Johannes auftretend ungefähr zwanzigmal den Vorläufer Jesu erwähnt, bei sich gedacht haben sollte: „ich will doch zusehen, daß ich immer den Täufer ohne diesen Beinamen anführe, da ich bloß einen Johannes kennen darf, weil ich selbst es übernommen habe, in der Rolle des andern aufzutreten"? Fürwahr, wir hätten es dann mit einem der raffinirtesten Betrüger zu thun, der weniger vor den Richterstuhl der Kritik, als den der Polizei gehörte. Selbst die heftigsten Gegner mußten zugeben, daß der Verfasser des vierten Evangeliums für Niemand anders, als für Johannes gehalten sein wollte; doch die psychologische Erklärung, wie er diesen so habe copiren können, ohne selbst das Original wie es leibte und lebte zu sein, und wie so viel Verschlagenheit des Charakters mit soviel Naivität des Ausdrucks sich vereinigen läßt — wenn anders der Styl noch der Mensch ist — die Erklärung dieses Räthsels ist man uns bis heute noch schuldig geblieben. Hundert gegen Eins; hätte eine gewisse Kritik nicht ihre besondern Gründe, warum ein gewisser Jemand dies Evangelium einmal nicht geschrieben haben darf, der kritische Scharfsinn könnte kaum ein Ende finden, die Menge der inneren Gründe aufzuzählen, die alle beweisen, daß der Autor Niemand gewesen sein kann, als allein der Sohn des Zebedäus. Und hält man trotzdem uns noch entgegen: „Warum hat er denn selbst seinen Namen nicht genannt?" so ist die Antwort leicht. Warum sollte der Apostel gethan haben, was in seiner Zeit nicht Sitte, und dabei für Leser, die ihn kannten, ganz und gar überflüssig war? Auf Kritiker ohne Divinationsgabe hat er gewiß nie gerechnet, vielmehr auf Leser, die es nicht erst von heute oder gestern her wußten, welcher unter den Aposteln der Jünger war, den der Herr lieb hatte. Unendlich theurer war dieser Ehrenname seinem Herzen, als jeder andere; er bediente sich desselben darum mit Vorliebe, wo er von sich sprechen muß; und ein feiner Psycholog ist man sicher nicht, wenn man bloß unbescheidene Selbstüberhebung erkennt in der Wahl einer Benennung, aus welcher vielmehr das tiefste Dankgefühl für die höchste Gnadenerweisung spricht.

Bei derartigen Zügen ist's schier unmöglich, in der Person zu irren. Das Resultat, das wir bis jetzt gewonnen haben, dürfen wir getrost in dieser ersten These zusammenfassen: **was das Evangelium selbst uns bezüglich seines Autors errathen läßt, berechtigt zu keinem Vermuthen so sehr, als zu dem, daß Johannes, der Sohn des Zebedäus, es verfaßt habe.**\*)

Aber vielleicht täuschen wir uns? Vielleicht ist das, was wir anderswoher über Johannes wissen, von der Art, daß wir zu dem Schlusse kommen müssen: eine Persönlichkeit wie diese kann unmöglich dies Evangelium verfertigt haben. Wir wollen sehen!

Den Apostel Johannes kennen wir doch auch mehr oder weniger aus den drei ersten Evangelien, aus den Briefen des Paulus, aus seinen eigenen, und besonders dem ersten Briefe; wenigstens zweifelte bis vor wenigen Jahren kein namhafter Theologe daran, daß dieser erste Brief aus derselben Feder geflossen sei wie das Evangelium. Wir kennen ihn aus der Apokalypse, deren Aechtheit von fast allen Gegnern des vierten Evangeliums anerkannt wird; wir kennen ihn endlich aus den Berichten der Kirchenväter, die über diesen Apostel das Eine und Andere erzählen, das wohl nicht angezweifelt werden kann. Aus der Vereinigung all dieser zerstreuten Züge entsteht vor unsern Augen ein mehr oder weniger

---

\*) Vgl. K. L. Weitzel, das Selbstzeugniß des vierten Evangelisten über seine Person, in den Stud. u. Krit. von 1849 III. S. 578 ff. — Ein Beispiel wie auch sehr freisinnige Kritiker den untrüglich johanneischen Charakter des 4. Ev. erkannt haben, findet man in Credner Einl. N. T. 1836 I. §. 93 S. 208.

anschauliches Lebensbild. Ganz abgesehen also von dem vierten Evangelium tritt uns die Person des Johannes vor Augen. Wohlan, wir wollen einmal fragen, ob wir Johannes im vierten Evangelium so wiederfinden, wie er uns aus andern Quellen bekannt ist? In so mannigfachen Zügen, lautet die Antwort, daß, wenn wir einzig wüßten, dieser Johannes hat ein Evangelium geschrieben, ohne letzteres noch näher zu kennen, wir schon im Voraus vermuthen würden, ein Evangelium von seiner Hand müsse nahezu den gleichen Charakter zeigen, der uns in diesem vierten entgegentritt.

Zur Probe! „Der Verfasser dieses Evangeliums kann nur ein Freund Jesu gewesen sein." — Aber gerade als solchen lernen wir Johannes auch aus den Synoptikern kennen.

„Der Verfasser verräth eine Bildung und Geistesentwicklung, die ihn über die andern Evangelisten erhebt." — Aber der Sohn des Zebedäus gehörte auch nach den Synoptikern\*) zu dem verhältnißmäßig wohlhabenderen Fischerstande, hatte zur Mutter eine Frau so klugen und lebhaften Geistes wie Salome, und weilte Jahre lang in dem gebildeten Ephesus, wo er von selbst mit der philosophischen Richtung seiner Zeit in Berührung kommen mußte. Darum konnte es ihm nicht schwer werden, sich zu einer mehr als gewöhnlichen Bildungsstufe emporzuschwingen.

„Der Verfasser bekundet fast in jeder Zeile einen Geist heiligen Eifers für die Sache des Herrn, verbunden mit der Gluth der innigsten Liebe für die Person des Meisters." — Aber dies ist ja gerade der energische Boanergescharakter, wie ihn die Synoptiker schildern, nach denen z. B. auch Johannes wünschte, daß Feuer vom Himmel falle auf die ungastliche Stadt der Samariter; dies ist gerade der Gegner des Cerinth, wie ihn die Ueberlieferung darstellt, welcher nicht einmal mit dem Erzketzer unter einem Dache verweilen will; dies ist aber zugleich auch der Patriarch, der seinen letzten Willen im Gebote der Liebe zusammenfaßt.

Nochmehr! „In den drei ersten Evangelien, der Apostelgeschichte und den Briefen des Paulus, überall ist Johannes der Mann, der weit weniger spricht, als der feurige Petrus; der wiederholt neben Petrus erscheint, aber diesen das Wort führen läßt;\*\*) der Zeuge, dessen Receptivität die Spontaneität seines Geistes noch übertrifft, der Beobachter, ich möchte fast sagen der Schweiger." — Aber hinwiederum, gerade

---

\*) Marc. 1, 20; Luc. 5, 10; Matth. 20, 20; Marc. 16, 1.
\*\*) Apstg. 3 u. 4; Gal. 2.

als solchen, ich will nicht sagen, charakterisirt, aber bekundet und verräth sich unser Verfasser. Man denke nur an den immer schweigenden Johannes am letzten Abend des Lebens unsers Herrn, im Vergleich mit dem fragenden Petrus, Thomas, Judas (nicht dem Ischarioth); man denke an die vielen eigenen Bemerkungen, die er bei der Erzählung einiger Thatsachen und Worte einfügt, und zuweilen mit dem Selbstbekenntniß früheren Irrthums oder mangelhafter Einsicht bereichert.\*) (Nebenbei gesagt ein sonderbares Geständniß im Munde eines Falsarius, der gerade dadurch, daß er in der Person des angesehensten Apostels schreibt, seinem Berichte unbegrenztes Vertrauen erwecken will.)

Ist der erste Brief des Johannes, um von dem zweiten und dritten nicht einmal zu reden, wirklich von diesem Apostel geschrieben — und mit Ausnahme der letzten Vertreter einer einzigen Schule ist dies von Allen anerkannt — so bietet der Beginn und Grundton, der Geist und die ganze Tendenz dieses Schreibens solche überraschende Züge der Uebereinstimmung mit dem vierten Evangelium, daß die Identität des Verfassers beider auf jedem Blatt in die Augen fällt, und daß sogar die Frage, ob nicht die eine Schrift zur Begleitung der andern habe dienen sollen, sich kaum abweisen läßt.

Und was nun endlich die Apokalypse betrifft, jene Schrift, deren johanneischen Ursprung selbst die negativste Kritik unsrer Zeit unangetastet läßt, sagen Sie selbst, wie muß man sich nach ihr den Johannes vorstellen? Doch jedenfalls als einen Mann, der mit lauter Stimme die göttliche Natur und Würde Jesu bekennt (weßhalb man ihm denn auch schon frühe den Namen Theologus gab); der zudem speciell im Erlösungs- und Versöhnungswerk den Schwerpunkt der ganzen Wirksamkeit des Herrn findet; in dem die Liebe zu Christo und das Verlangen nach seiner Wiederkunft lauter als irgend eine andre Stimme spricht! Sehen Sie, dieselben Grundzüge finden Sie, ungeachtet einer unendlichen Verschiedenheit wie sie von selbst aus dem Unterschied zwischen Geschichte und Prophetie entstehen mußte, fast auf jeder Seite unsers Evangeliums wieder. Kein Vorurtheilsfreier leugnet, daß die göttliche Natur und Würde des Messias kaum lauter verkündet werden kann, als dies in der Apokalypse geschieht. Aber noch einmal, es ist derselbe Grundton, der majestätischer als sonstwo aus dem Prolog des vierten Evangeliums uns entgegentönt; und sicher darf man es nicht zufällig nennen, daß gerade

---

\*) Joh. 2, 21 u. 22; 12, 16.

die einzige Stelle im neuen Testamente, wo außer diesem Prolog der Name Logos Christo beigelegt wird — im Buche der Offenbarung (Kap. 19, 13) sich findet.

Wozu noch mehr? Aus der Tradition lernen wir Johannes als den längstlebenden der Apostel kennen, der somit selbstverständlich, wenigstens wenn man an eine fortwirkende Leitung der ersten Zeugen des Herrn durch den Geist der Wahrheit glaubt, höher als alle anderen stehen, tiefer als alle anderen blicken, und weiter als alle entfernt sein mußte von beschränkt-jüdischen Begriffen und Ansichten, die in früherer Periode ohne Zweifel auch ihm wie seinen Mitaposteln eigen waren. Ich frage Sie, macht nicht gerade das vierte Evangelium auf Sie den Eindruck, daß es von einem Manne geschrieben ist, der seine Jugend bereits lange hinter sich, und Jerusalems Trümmer tief unter sich sieht, und der beinahe ganz aufgegangen ist in der Person desjenigen, an dessen Herzen er einstmals lag, wie um das Schlagen dieses Herzens zu belauschen, und nach jahrelangem Schweigen endlich zu erklären, was er gesehen und gehört, in unbeschreiblich seliges Anschauen des unaussprechlich Geliebten verloren.

Ich muß mir Gewalt anthun, verehrte Versammlung! Solcher Harmonieen, deren wir nur wenige berührten, findet wer Lust hat noch mehr. Ich denke sie beweisen so viel — nach Einigen so wenig — als immere Uebereinstimmung beim Forschen nach Wahrheit und Leben beweisen kann. Sie werden schwerlich leugnen können, daß in diesem Falle die Uebereinstimmung ebenso unabsichtlich als unwidersprechlich ist. Wir wenigstens halten aufrecht, daß einer der tüchtigsten Theologen unserer Tage nicht zu viel sagt, wenn er schreibt: „jamais il n'y eut entre un livre et un écrivain une concordance plus frappante qu'entre le quatrième Evangile et la personne de Jean, telle que l'histoire du premier siècle nous l'a fait connaître." [*] Und vorbehaltlich aller Verpflichtung zur Antwort auf hier sich erhebenden Widerspruch fügen wir auf Grund des Gesagten mit gutem Gewissen zu der eben formulirten ersten These jetzt diese zweite hinzu: **Was uns das Evangelium selbst mit Grund über seinen Verfasser vermuthen ließ, wird durch das, was uns sonstwoher über Johannes bekannt ist, auf vielfach überraschende Weise bestätigt, und der eine Beweis stützt also natürlich und nothwendig den andern.**

---

[*] Edm. de Pressensé, Jesus Christ, etc. Paris 1866. p. 223.

Hier jedoch kann der Bestreiter der Aechtheit unmöglich stillschweigend zusehen. „Was helfen alle diese und andere Gründe", so ruft er uns zu, „was hilft das Zeugniß eines Autors hinsichtlich seines eigenen Werkes, wenn es sich zeigt, daß derselbe mit dem Werke selbst sich beständig im Streite befindet? Und sieh doch nur zu, das Evangelium trägt ja directe Beweise an sich, daß es nicht vom Johannes sein kann." So ruft von der Linken ein stets zahlreicherer Chor von Stimmen uns entgegen, und doch, zur Rechten wird noch immerfort in allerlei Form das Wort Ebrards wiederholt: „Es gibt kein Buch in dem ganzen heidnischen und christlichen Alterthum, das bestimmtere und zahlreichere Beweise für seine Aechtheit anführen kann, als gerade das vierte Evangelium." Hier verspricht der Streit erst recht heiß, aber gerade darum um so interessanter zu werden. Versuchen wir, darüber zur Gewißheit zu kommen, auf welcher Seite Wahrheit und Recht zu finden sind.

„Unächt!" — so ruft man alsbald aus dem Heerlager der Bestreiter uns zu — „denn dieses Evangelium enthält eine Anzahl historischer, geographischer, statistischer Fehler, die man unmöglich von einem Zeitgenossen des Herrn, am Wenigsten von Johannes erwarten kann." — Gesetzt einmal, es wäre so, dann müssen wir jeden Unparteiischen fragen: Sollten denn da die Fehler nicht schon sehr grob, die Irrthümer nicht schon sehr unbegreiflich sein müssen, um die Beweise, die wir bereits gefunden, und die, je länger wir darüber nachdenken, um so stärker für die Aechtheit sprechen, aufwiegen zu können? Gesetzt, um ein Beispiel anzuführen, ein hochbejahrter Bewohner unsrer Hauptstadt, der im Jahre 1813 Niederlands Befreiung miterlebte, später aber sich nach Osten oder Westen begab, habe daselbst zur Zeit des 50jährigen Jubiläumsfestes 1863 die Erlebnisse seiner Jugend beschrieben, in zahlreichen Zügen sich deutlich als Augenzeuge bewährt, ein einziges Mal sich aber geirrt durch Erwähnung der Heerengracht z. B., wo er die Keisersgracht hätte nennen müssen, oder dadurch, daß er in seinem geschichtlichen Berichte auf den 15. November legte, was nach Anderen erst am 16. stattfand — ich frage Sie, hätte dieser Greis wohl Ursache, sich über die Kritik zu beklagen, wenn selbige mit Zurseitesetzung aller seiner berechtigten Ansprüche auf Glauben und Verläßigkeit, aus einer solchen Kleinigkeit den Schluß zöge, er habe unmöglich die Ereignisse des Jahres 1813 erlebt? Nun gut, im ungünstigsten Falle würde es mit dem vierten Evangelisten ebenso stehen, und dies brauchte uns also noch keine schlaflose Nacht zu machen.

Im ungünstigsten Falle, sage ich — doch ist denn dieser Fall wirklich vorhanden? Von nahezu allen fraglichen Stellen kann eine Erklärung gegeben werden, die mindestens ebenso annehmbar ist, als die entgegengesetzte, und jedesmal spricht auch nur der Schein zum Nachtheil des Johannes. Gegen hundert innere Spuren der Aechtheit sind kaum zehn Verdachtsgründe erwähnter Art anzumerken, und beim Lichte betrachtet fällt noch der eine nach dem andern hinweg. Man schließt z. B. aus dem Worte (Kap. 11, 49), daß Kaiphas „desselben Jahres Hoherpriester war", unser Verfasser habe an einen jährlichen Amtswechsel der Hohenpriester gedacht, was mit der Geschichte im Streit wäre. Aber was hindert uns anzunehmen, daß er hier emphatisch von „dem (merkwürdigen) Jahre", dem Todesjahre des Herrn, spricht; oder, geht dies nicht an, wer sagt uns, ob nicht unter der Hand zwischen Hannas und Kaiphas eine Art unedlen Tauschhandels stattgefunden habe, der damals ziemlich bekannt war, obgleich er in der Geschichte nicht erwähnt wird (ebensowenig wie später so manches Privatmanoeuvre auf kirchlichem oder politischem Gebiete).

Ein anderes Beispiel. „Johannes taufte (Kap. 3, 23) zu Enon nahe bei Salim, aber eine Stadt Enon existirte nicht; Jesus besuchte Bethesda (Kap. 5, 2), aber Josephus schweigt über diesen Badeteich." — Es sei so; indessen ist Unbestimmtheit noch kein Beweis von Unwahrheit, und Schweigen gibt noch kein Recht zum Negiren. Enon wird hier nicht einmal als Stadt angeführt; war es so wenig bekannt, daß es noch durch die Beifügung der Ortsbestimmung „nahe bei Salim" näher bezeichnet werden mußte, so darf es uns nicht Wunder nehmen, wenn es von keinem andern Topographen erwähnt wird. Oder bietet etwa unsre Kenntniß des heiligen Landes durchaus keine Lücken mehr dar; und kann neben manchem anderen nicht ein Badeteich Bethesda in Jerusalem gewesen sein, weil Josephus keine Gelegenheit hat, desselben namentlich zu gedenken? Existirte vielleicht auch kein Schafthor, dessen schon Nehemia Erwähnung thut (Nehem. 3, 32; 12, 39), weil der jüdische Geschichtschreiber darüber geschwiegen hat?

Ein drittes Beispiel. „Johannes erzählt zu Anfang der Leidensgeschichte nach den meisten Handschriften, daß der Herr über den Bach der Cedern ($\tau\tilde{\omega}\nu\ \varkappa\acute{\epsilon}\delta\rho\omega\nu$) gegangen sei, die es indessen in der Umgebung von Jerusalem nicht gab, und die sonach bloß von einem unwissenden Schreiber, der den wohlbekannten Bach Kidron, den dunkeln, mit einem fingirten Bach der Cedern verwechselte, erfunden sein können."

— Nur schade daß die Lesart (Kap. 18, 1), worauf dieser Einwand sich gründet, nicht feststeht, und wahrscheinlich einfach für einen Irrthum von späteren unkundigen Abschreibern zu halten sein wird, die natürlich mit dem Bache Kidron, in der Nähe des zerstörten Jerusalems, aus eigener Anschauung nicht bekannt waren, jenes Wort daher für den Plural (κέδρων) des griechischen Wortes Ceder hielten, und nun leicht den Artikel im Plural statt im Singular davorsetzten. Der Artikel im Singular wird indessen noch in der berühmten alexandrinischen Handschrift gelesen; man findet ihn ebenfalls in dem neuerdings aufgefundenen unschätzbaren Sinaiticus. Nun hat man einfach, gestützt auf das doppelte, äußerst gewichtige Zeugniß, den Artikel der Einzahl statt der Mehrzahl zu setzen, und der ganze fingirte Cedernwald, aus dem die Gegner ihre vergifteten Pfeile abschießen, ist auf einmal versunken in den dunkeln Bach, den Kidron.

Wir haben keine Lust, noch viele derartige Proben anzuführen. Vermöchte auch das Mikroscop ein einzig wurmstichiges Fleckchen an der gekrönten Ananas zu entdecken, sie bliebe darum nichtsdestoweniger die Königin der Früchte. Man muß eine „Registratorseele" haben, wie es Tholuck irgendwo nennt, um mit höchstbedenklicher Miene durch solche Kleinigkeiten die Wolke von Zeugen für die Aechtheit, deren wir erst eine kleine Zahl betrachtet haben, aufwiegen zu lassen. Deßhalb nur noch eine einzige Probe zum Beweise dafür, wie Bedenken dieser Art, näher betrachtet, zu Beweisen für die Aechtheit und somit für die Glaubwürdigkeit werden. Es erregt Bedenken, daß die bekannte samaritanische Stadt Joh. 4 Sichar genannt wird, während sie sonst überall Sichem heißt. Wäre Johannes der Verfasser, so fragt man, sollte er den wahren Namen nicht gekannt haben? — Antwort: auch aus dem Talmud ergibt sich, daß diese Stadt auch Sichar genannt wurde, und auf mehr als eine Weise, womit ich Sie jetzt nicht belästigen will, läßt sich diese Aenderung im Namen erklären. Die Stadt trug überdies noch zwei andere Namen; was Wunder, wenn auch unser Verfasser nicht den althebräischen, sondern den späteren anführt, mit welchem sie, sei es von den Einwohnern selbst, sei es von den Juden genannt wurde, und also beweist — auf seinem Gebiete vollkommen zu Hause zu sein. — Es klingt verdächtig, daß Kap. 7, 52 dem Sanhedrin die Worte: „forsche und siehe, aus Galiläa stehet kein Prophet auf" in den Mund gelegt werden, während doch Hosea und Nahum galiläischer Abkunft waren. Aber wer sieht nicht ein, daß Israels Väter hier in ihrem

Eifer die Geschichte für einen Augenblick vergessen haben, und wer muß nicht gerade in diesem Zug einen psychologischen Beweis für die Wahrheit der ganzen Darstellung finden, statt den Erzähler auf so zweifelhaften Grund hin der Unbekanntschaft mit der heiligen Geschichte Israels anzuklagen? Hat der Verfasser, wie die Kritik will, seine Worte immer so ängstlich auf die Goldwage gelegt, daß er sogar, wie wir sahen, den Vorläufer nie Johannes den Täufer, sondern mit feiner Ueberlegung einfach Johannes nennt, nun, dann ist es durchaus undenkbar, daß er ein Wort der Sanhedristen, worin ein so grober historischer Schnitzer angetroffen wird, erdichtet habe. — Ebenso unbillig ist es, ihm übel zu nehmen, daß er sich mißgünstig über Nazareth ausläßt (Kap. 1, 47), während uns weiter nichts Schlechtes von diesem Städtchen bekannt geworden ist. Schon was wir an einer andern Stelle (Luc. 4, 29) von dem Mordanschlag der Nazarener gegen Jesum lesen, spricht wahrlich nicht zu Gunsten des unter der Einwohnerschaft herrschenden Geistes; und selbst wenn dies nicht der Fall wäre, wo soll es mit aller historischen Sicherheit hin, wenn die geringste Specialität untergeordneter Art verdächtigt werden darf, solange sie bloß von einem Zeugen mitgetheilt wird?

Sie schenken mir die übrigen Bedenken dieser Art; seien Sie versichert, sie sind um Nichts gewichtiger. Noch einmal, selbst im ungünstigsten Falle (der hier jedoch nicht vorliegt) dürfte man mit ebensoviel Recht aus ein paar solchen Erscheinungen auf die Unächtheit unsers Evangeliums schließen, als man aus dem noch nicht erklärten Vorhandensein einiger falschen oder seltenen Münzen in einem Sacke voll edlen Metalles schließen kann, daß der ganze Sack aus der Werkstätte eines Falschmünzers hervorgegangen sei.

Doch wir müssen billig sein. Es werden doch auch noch wichtigere Bedenken, als diese, gegen die Authentie des Johannes vorgebracht. „Unächt", so fährt man fort, „denn die philosophische Färbung, der historische Stoff, der dogmatische Charakter dieses Evangeliums ist der Art, daß es unmöglich von Johannes kommen kann. Wie konnte, um nur Eins zu nennen, der Fischer von Bethsaida einen so philosophischen Prolog schreiben; wie konnte der Apostel Christi sich in den Mantel der alexandrinischen Philosophie hüllen; wie konnte ein Jude der damaligen Zeit sich in so reinem Griechisch ausdrücken?" — Doch, was gleich das Letzte betrifft: angenommen, Johannes habe dieses Evangelium geschrieben, dann that er dies jedenfalls, nachdem er sich schon eine

Reihe von Jahren in Kleinasien und Ephesus aufgehalten hatte. Es war somit für ihn keine Unmöglichkeit, seine Kenntniß der griechischen Sprache, wozu er gewiß schon frühzeitig in seinem Vaterlande eine gute Grundlage gelegt hatte, zu vervollkommnen; wenigstens wurde im apostolischen Zeitalter in Jerusalem viel mehr griechisch gesprochen als hebräisch, welches allmälig Ausnahme statt Regel geworden war (Apstg. 22, 2). Und was des Verfassers Ideen betrifft, Geistes- und Gemüthstiefe ist nicht immer das Erbe der höheren Stände. Die Geschichte des philosophischen Denkens beweist, daß nicht selten auch Männern von geringer Abkunft das Heiligthum der Theologie und Theosophie sich erschließt. Wir nennen bloß die Namen eines Spinoza, Jakob Böhme, Moses Mendelssohn, und erinnern noch zum Ueberfluß, daß man den Johannes nicht einmal einen armen Fischer nennen darf. Je feuriger übrigens in ihm die Liebe zu Christo war, desto mehr mußte sie ihn zu tiefsinnigem Nachdenken über das ihm Geoffenbarte anregen. Gerade die Liebe erregt und reizt den Wissensdurst, wie sie zugleich am Besten in Stand setzt, den geliebten Gegenstand durch die Macht der Sympathie zu begreifen. Che ben ama ben sa, „wer gut liebt, weiß gut", hat ein italienischer Denker unsrer Zeit, Auguste Conti, nicht ohne Grund gesagt. Auf die Entwicklung nun einer so receptiven und contemplativen Natur, wie die des Johannes war, konnte ein jahrelanger Aufenthalt in Ephesus gewiß nur von großem Einfluß sein. Dort kam er zuerst mit jener falschen Gnosis in Berührung, die bald so viel Verwüstung anrichten sollte, dort auch gerade mußte er sich um so mehr gedrungen fühlen, dem gleißenden Irrthume die Wahrheit in ihrem vollen Glanze, aber auch in ihrer ganzen Tiefe, gegenüberzustellen. Daß er es thut in Formen, welche dem philosophischen Denken seiner Tage entlehnt sind, ebensogut als Paulus in Athen sich auf das Wort eines heidnischen Dichters beruft (Apstg. 17, 28), wer darf es tadeln? Er würde dies gewiß nicht gethan haben, wenn er nicht auch in diesem Sprachgebrauche eine Spur höherer Wahrheit gefunden, und diese Form für seine ersten Leser nicht für die zweckmäßigste gehalten hätte. Freilich trifft man auch bei dem Juden Philo wie bei Johannes eine Logoslehre an, doch beschränkt sich in dem hier vorliegenden Falle die Uebereinstimmung fast allein auf den Ausdruck. Zwischen dem Logos des Einen und dem des Andern ist ein so bedeutender Abstand, welchen nachzuweisen uns hier zu weit führen würde, daß die Selbständigkeit unsers Apostels, auch wo er diese Einkleidung wählt, unmöglich bezweifelt werden kann. Ja genau betrachtet hatte er es nicht einmal nöthig diese Einkleidung aus der alexandrinischen Philosophie zu entlehnen. Schon in den Psalmen und Sprüchwörtern des alten Testaments traf er die Vorstellung vom Worte des Herrn, als einem beseelten und handelnden Wesen, von der Weisheit Gottes, die in kühner Personification als Theilhaberin an dem Werke der Schöpfung und als Gegenstand Gottes unbeschreiblichen Wohlgefallens gezeichnet ist. Was Wunder, wenn er, von höherem Geiste erleuchtet, diese Vorstellung, mit der er schon von Jugend auf vertraut war, da gebrauchte, wo sie ihm besonders geschickt erscheint, um mit Rücksicht auf den Sprachgebrauch und die Bedürfnisse seiner Zeit die Herrlichkeit Christi zu schildern. Er hat dabei keinen speculativen, sondern einen practischen Zweck im Auge; er will zeigen, daß die Christuserscheinung gibt, was die Philosophie seiner Tage noch sucht; er entwickelt keinen abstrakten Christusbegriff, sondern faßt das historische Christusbild ein in den philosophischen Rahmen seiner Zeit. Lassen wir nun diese Form bei Seite, so ist der Inhalt dessen, was Johannes von dem Logos vor und nach der Fleischwerdung sagt, kein anderer, als ihn auch die Christuspredigt der übrigen Apostel, namentlich des Paulus in seinen Briefen, bietet. Gegen ihre besondere Einkleidung im vierten Evangelium kann man von diesem Gesichtspunkte aus kaum ein ernstliches Bedenken geltend machen, man müßte denn in dieser Sache um keinen Preis zum Frieden geneigt sein. Allerdings, wenn es schon im Voraus feststeht, daß Jesus ein bloßer Mensch war, und daß also ein Evangelist, der wirklich sein Apostel und Busenfreund war, in ihm unmöglich etwas mehr als den Menschen erkannt und bewundert haben kann, dann kann auch kein Johannes geglaubt haben, wie es Jemand irgendwo ausgedrückt hat, „daß er mit dem Weltbildner zusammen an einem Tische gesessen habe." Aber gegen diese Kritik haben wir bloß ein, wie es uns vorkommt, nicht gerade unerhebliches Bedenken: sie nimmt ganz einfach an, was sie noch erst beweisen muß, daß nämlich Jesus nicht der Sohn Gottes, der Logos, der Weltbildner gewesen sei, und daß sonach Johannes dieses auch später unmöglich in ihm habe sehen oder ihn als solchen habe beschreiben können. Nennt man eine solche Kritik voraussetzungslos und rein historisch? Allen Respekt vor ihrem Scharfsinn und ihrer Gelehrsamkeit, aber äußerst parteiisch, dogmatisch befangen muß ich sie nennen. Für den wahrhaft Unparteiischen sagt Johannes in seinem tiefsinnigen: „Das Wort ward Fleisch" im Grunde nichts anderes und nichts mehr, als Paulus in seinem mehr populären: „In der Fülle der Zeit sandte Gott seinen Sohn in Gestalt des sündigen Fleisches." Und daß ein Johannes dasselbe nicht auch nach seiner Weise habe sagen können und sagen dürfen, hat, glauben wir, noch Niemand bewiesen.

In der That, wie man auch weiter über den historischen Stoff und den dogmatischen Charakter des vierten Evangeliums in Einzelheiten urtheilen mag, bei jeder Vergleichung fällt es auf's Neue in die Augen, daß der Christus des vierten Evangeliums im Grunde derselbe ist, als der des Petrus, des Paulus und aller Apostel. Es ist wahr, nicht Alle haben denselben tiefen Einblick in die Herrlichkeit seiner Person und den Zweck seiner Erscheinung gethan, aber unvereinbarer Widerspruch besteht hier nicht, und mit guter Zuversicht fordern wir Jeden heraus, zu beweisen, daß Johannes mit seinem Bekenntniß von der übernatürlichen Natur und Würde des Herrn unter den Aposteln allein gestanden hat. Er, der bei Johannes das Wort heißt, heißt bei Paulus der Sohn und das Ebenbild des unsichtbaren Gottes, beides im metaphysischen Sinne; und wie nach dem Sohne Zebedäi Er, der bei Gott und Gott selbst war, „wohnte unter uns", so ist er bereits nach Jona Sohn „ge offenbaret zu den letzten Zeiten um euretwillen", ein Ausdruck, der im Zusammenhang mit andern Aussprüchen Petri nicht undeutlich auf das Geheimniß der Präexistenz hinweist.\*) Ist es nicht merkwürdig, daß dieselbe höhere christologische Vorstellung, an der man bei Johannes sich stößt, ihrer Substanz nach bereits angetroffen wird nicht nur im Briefe an die Hebräer, nicht nur in den Briefen an die Colosser und Philipper, die ohne Zweifel lange vor dem vierten Evangelium, ja noch vor der Abfassung der synoptischen Evangelien von Paulus geschrieben wurden, sondern auch in den Briefen\*\*) desselben Apostels, deren Aechtheit Niemand leugnet. Es ist klar, Petrus, Paulus, Johannes stehen alle drei in ihrer gemeinschaftlichen Christuswürdigung auf einer Leiter, aber auf verschiedenen Sprossen, so jedoch stets, daß der verhältnißmäßig tiefst stehende in Christo etwas mehr als Menschliches sieht, während dagegen der, der am lautesten seine göttliche Würde verkündet, doch darum nicht aufhört ihn als wahrhaftigen Menschen zu erkennen. Auf Einzelheiten können wir uns hier selbstverständlich noch nicht einlassen;

---

\*) 1. Petr. 1, 20; vgl. V. 11.

\*\*) Siehe z. B. Röm. 8, 3. 4; 9, 5; 1. Cor. 15, 47; 2. Cor. 8, 9; Gal. 4, 4. Vgl. Phil. 2, 5—8; Col. 1, 15—20; 2, 9.

das hoffen wir später zu thun. Dann werden wir auch die eigentlichen Steine des Anstoßes, die wunderbaren Thaten und Schicksale des Herrn, näher ins Auge fassen. Vorläufig sind wir zufrieden, wenn man uns zugibt, daß die Bedenken, die man aus dem wunderreichen und übernatürlichen Inhalte des Evangeliums schöpft, in mehr oder minderem Maße gegen die meisten, wenn nicht gegen alle Bücher des neuen Testaments erhoben werden können. Aber verhält es sich hiemit so, dann mögen Sie selbst entscheiden, ob hier nicht Ursache ist, an das bekannte Sprüchwort zu denken: Was zuviel beweist, beweist nichts.

Doch scheint ein Buch der Bibel noch eine besondere Waffe zur Bestreitung der Aechtheit des Johannesevangeliums zu bieten, und diese dürfen wir umsoweniger unberücksichtigt lassen, weil sie uns diesmal im Namen und gleichsam von der Hand des Johannes selbst entgegengehalten wird. „Unächt", so ruft man noch einmal uns zu, „denn wenn die Apokalypse von dem Apostel Johannes ist, dann leuchtet von selbst ein, daß das Evangelium unmöglich von derselben Hand kommen kann. Das Evangelium und die Apokalypse, welch ein Gegensatz! Hier das allergeistigste Evangelium, dort die allersinnlichste Erwartung, hier der gute Hirte, der sein Leben läßt für die Schafe, dort der mächtige Herrscher, der die Heiden wie eines Töpfers Gefäße zerschmeißt, hier" — doch wo fast Alles Gegensatz ist, wird die Erwähnung der Einzelheiten fast ermüdend und zwecklos. Kein Wunder fürwahr, daß vor noch nicht vielen Jahren das kritische Orakel Widerhall fand: „Kein Resultat der Wissenschaft ist sicherer, als daß Evangelium und Apokalypse unmöglich von derselben Hand sein können." Unmöglich? — Nicht mit Unrecht warnt man uns von Zeit zu Zeit, mit diesem Worte etwas vorsichtig zu sein. Kurz nachdem das ebenerwähnte Decret ausgefertigt war, und natürlich bei Strafe des Verlustes aller wissenschaftlichen Reputation unterzeichnet werden mußte, bekrönte die Haagsche Genossenschaft zur Vertheidigung der christlichen Religion die Arbeit eines scharfsinnigen, leider schon verstorbenen Gelehrten, deren Resultat, nach einer eingehenden Untersuchung aller Einzelheiten, in diesen Worten zusammengefaßt werden konnte: „die Verschiedenheiten in den johanneischen Schriften (Evangelium und Apokalypse) sind durchgehends natürlich, begreiflich, nothwendig; die Uebereinstimmungen dagegen sind nur zu erklären, wenn diese Schriften demselben Verfasser zugeschrieben werden.\*) Sachver-

---

\*) Vgl. A. Niermeyer in den Verhand. v. h. Haagsch Gen. XIII. Th. S.

ständige wissen, daß wir von Niermeyers gediegener Preisschrift sprechen, welche 1852 erschienen, aber nach unsrer bescheidenen Meinung noch so wenig veraltet ist, daß sie einen Schatz brauchbarer Waffen auch solchen Apologeten bietet, die vielleicht über die Abfassungszeit der Apokalypse mit diesem tüchtigen Gelehrten nicht übereinstimmen. Auf diese Arbeit verweisen wir Alle, denen es darum zu thun ist, mit Sachkenntniß über diese vielbesprochene Verschiedenheit zu urtheilen. Folgendes nur noch im Hinblick auf das, was über diesen Punkt auch in der letzten Zeit gesagt wurde. Es ist — wir wünschen absichtlich in diesem Falle uns keines gelinden Ausdrucks zu bedienen — es ist einfach nicht wahr, daß in dem Buche der Offenbarung Christo keine übermenschliche Natur und Würde zuerkannt werde. Der ehemalige Führer der Tübinger Schule, welcher es behauptet, und es wohl seinem System zu gefallen aufrecht erhalten muß, findet sich hier in einer merklichen Verlegenheit, und weiß sich nur durch eine Ausflucht zu helfen. Es ist auch gar zu klar, zwanzig Stellen für eine beweisen deutlich das Gegentheil. Die Namen, die ihm hier gegeben, die Eigenschaften, die ihm beigelegt, die Werke, die von ihm verrichtet werden, die Ehre, die ihm hier alle Geschöpfe im Himmel und auf Erden in gleichem Maße wie dem Vater darbringen, dies Alles verdient beim Lichte betrachtet keinen andern Namen, als den der Blasphemie, wenn der, von dem der Verfasser dies Alles versichert, in seinen Augen nichts mehr als ein gewöhnlicher Mensch gewesen ist. „Wer dies behaupten will", sagen wir mit einem deutschen Theologen gegen Strauß, „und als ein Urtheil der Kritik — — hingeben kann, der muß entweder völlig verblendet sein, oder nicht sehen wollen. Ein drittes gibt es nicht." *) Wer sehen will muß erkennen, daß Christus, was seine göttliche Natur und Würde betrifft, in der Apokalypse keinen Finger breit tiefer gestellt wird, als im vierten Evangelium, während ferner die unverkennbar große Abweichung beider Schriften, wenigstens bis zu einem hohen Grade, aus der Verschiedenheit in der Anlage, dem Inhalt und dem Zwecke beider erklärt werden kann. Dürfen wir nicht noch hinzufügen, daß ein Falsarius, der das vierte Evangelium unter dem Namen des Johannes

---

390. und besonders J. P. Lange: über den unauflöslichen Zusammenhang zwischen der Individualität des Ap. Joh. und der Individualität der Apokalypse. Vermischte Schriften II. S. 173 ff.

*) Dr. Otto Thenius, das Evangelium der Ev. Leipz. 1865. S. 54.

ausgeben wollte, und der mit der (unzweifelhaft ächten) Apokalypse bekannt war, sorgfältig auch eben darauf bedacht gewesen sein würde, daß zwischen beiden Schriften eine etwas merklichere Uebereinstimmung stattfände? Wahrlich, wer das vierte Evangelium bestreiten will, muß seine Waffen anderswoher, als aus der Apokalypse entlehnen, wenn er Hoffnung auf Sieg haben soll.

Wir glauben völlig im Rechte zu sein, wenn wir weiter zu den beiden vorigen eine dritte These also formuliren: **Abgesehen vorläufig von dem wunderreichen und übernatürlichen Inhalte, sowie auch von der Verschiedenheit zwischen Johannes und den drei ersten Evangelien, enthält das vierte an und für sich betrachtet durchaus nichts, was Johannes, wie wir ihn anderswoher kennen, unmöglich geschrieben haben kann, und was uns deßhalb zwänge, die Aechtheit dieser Schrift zu leugnen.**

Noch ein Schritt, und für diesmal ist das vorgesteckte Ziel erreicht. Wie man bemerkt, haben wir uns bis jetzt ausschließlich auf innere Beweise berufen, die in dem Bereiche nicht nur der Gelehrten, sondern auch der Ungelehrten liegen. Wird doch insonderheit auf diesem Gebiete, wie abwechselnd Freund und Feind erinnern, der Kampf entschieden werden müssen. Die inneren Beweise, das sprechen wir freimüthig aus, sind so mannigfach und treffend, daß uns zuweilen die Bezweiflung der Aechtheit beinahe unbegreiflich sein würde, wenn wir nicht wüßten, daß dafür im Hintergrunde noch andere Gründe steckten, als gewöhnlich zuerst zu Tage kommen. Dennoch sind wir weit davon entfernt, unsre Ueberzeugung von der Aechtheit des Johannesevangeliums ausschließlich auf diese Gründe zu stützen. Was sich, und darauf wollen wir jetzt noch hinweisen, was sich mit gutem Grund aus inneren Beweisen ableiten läßt, wird durch äußere nachdrücklich bestätigt. In seinem ganzen Umfang — das haben wir schon zu Anfang bemerkt — kann der Werth des äußeren, historischen Beweises nur beurtheilt werden von dem, der eine mehr als oberflächliche Kenntniß der Geschichte und der kritischen Hülfsmittel des 2. und 3. Jahrhunderts besitzt. Ganz davon schweigen wollen wir jedoch nicht, weil besonders nach der mehr verspotteten als widerlegten Schrift Tischendorfs\*) sich auf dieses

---

\*) C. Tischendorf: Wann wurden unsre Evangelien verfaßt? vgl. Allg. Kirchenz. 1865, Nr. 70.

Feld der Untersuchung das Auge Vieler gerichtet hat. Die Geringschätzung fürwahr, womit einige Bestreiter der Aechtheit diese Zeugnisse des Alterthums erwähnen, läßt uns nicht sonder Grund vermuthen, daß letztere der negirenden Partei ein nicht geringer Dorn im Auge sein müssen. Hier jedoch, Sie begreifen und billigen es wohl, ist uns keine ausführliche Entwicklung, sondern nur eine kurze Andeutung unsrer Ansicht gestattet, deren Vertheidigung gegen würdige Gegensprache uns indessen keineswegs unmöglich ist.

Wer nach Handgreiflichem verlangt, der gebe sich doch Rechenschaft von folgenden Thatsachen:

1. Es ist Thatsache, daß schon diesem Evangelium selbst ein äußeres Zeugniß beigefügt ist, dessen hoher Werth mehrmals von den bedeutendsten Männern anerkannt wurde. Auch dann nämlich, wenn man mit uns an dem johanneischen Ursprung des Anhangs (Kap. 21) festhält, wird man schwerlich übersehen können, daß die beiden letzten Verse von einer andern Hand als vom Apostel selbst geschrieben oder wenigstens weiter ausgeführt wurden. Wir denken hier speciell an die Worte Vers 24: „Dies ist der Jünger, der von diesen Dingen zeuget, und hat dies geschrieben. Und wir wissen, daß sein Zeugniß wahrhaftig ist." Diejenigen, die hier reden, und mit diesem Wort die fertige Schrift den ersten Lesern in die Hand geben, werden allerdings nicht mit Namen genannt, würden aber schwerlich so geschrieben haben, wenn sie sich nicht bewußt gewesen wären, daß eine solche Versicherung ihrerseits von unbestreitbarem Werthe und Gewicht wäre. Diese Versicherung muß deshalb aus dem engsten Kreise der ersten Johannesschüler, vielleicht von den Aeltesten der ephesinischen Gemeinde herrühren, welche sich zwar anonym (wie ja auch der Verfasser selbst), aber collectiv für die Authentie des Evangeliums als eines Werkes dieses Apostels verbürgen, indem sie es möglicherweise erst nach seinem Tode, mit diesem Siegel der Aechtheit versehen, der Gemeinde in die Hand geben. Das Gewicht eines solchen Attestes ist augenfällig, und es beweist nicht viel für die Unparteilichkeit einer gewissen Kritik, wenn sie bei der Prüfung der äußeren Zeugnisse dieses erste und älteste einfach — mit Stillschweigen übergeht.*)

---

*) Man vgl. Tholuck, Glaubw. d. ev. Gesch. 1837, S. 293; sowie die Bemerkung von W. Beyschlag, die Auferteh. Christi, S. 37.

2. Es ist Thatsache, daß der erste dem Johannes zugeschriebene Brief von derselben Hand geschrieben ist, wie das vierte Evangelium. Die merkwürdigsten Uebereinstimmungen in Inhalt und Form sprechen für die Identität des Verfassers.\*) Ist nun der johanneische Ursprung dieses Briefes durch die Zeugnisse der alten Kirche, worunter die von Papias und Polycarp, über allen vernünftigen Zweifel erhaben, und auch mit Ausnahme der Tübinger Schule kaum von Jemand bezweifelt worden, so wird auf diesem Wege zugleich der des vierten Evangeliums begründet. Beide Schriften stehen und fallen d. h. stehen unerschütterlich zusammen.

3. Es ist Thatsache, daß die Aechtheit dieses Evangeliums im zweiten Jahrhundert von Niemand geleugnet oder bezweifelt wurde, als allein von der Sekte der Aloger, welche dieses nicht aus historischen, sondern aus dogmatischen Gründen thaten, und unser Evangelium als ein Werk des Ketzers Cerinth, eines Zeitgenossen des Johannes, und sonach jedenfalls als ein Produkt des ersten Jahrhunderts betrachteten. Obgleich nun dieses Fehlen beinahe aller Bestreitung die Aechtheit durchaus noch nicht beweist, so wird doch die Präsumtion der Unächtheit durch diese Erscheinung keineswegs begünstigt.

4. Es ist Thatsache, daß die ältesten Gnostiker in der ersten Hälfte des 2. Jahrhunderts zeigen, daß sie unser Evangelium kennen, da sie sich seiner Terminologie bedienen, es citiren, commentiren, und auf eine Weise benutzen, die völlig unbegreiflich wäre, wenn sie es nicht als eine Schrift von höchstem Werthe d. h. von apostolischem Ursprunge anerkannt hätten. Spuren dieser Benutzung treffen wir bereits im ersten Viertel des 2. Jahrhunderts bei dem Gnostiker Basilides an, der theilweise noch Zeitgenosse des Johannes, des längstlebenden der Apostel, war, und zwei Stellen aus dem Johannesevangelium citirt.

5. Es ist Thatsache, daß Ignatius, der zu Anfang des zweiten Jahrhunderts schrieb, sich solcher Ausdrücke bedient, die Bekanntschaft mit Worten des Herrn verrathen, welche uns allein in diesem Evangelium erhalten sind; daß Justin der Märtyrer († 140) nicht

---

\*) Vgl. Grimm, über das Ev. und den ersten Brief des Joh. als Werk eines und desselben Verf., theol. Stud. u. Krit. 1847. I. — Düsterdieck, die drei Johann.-Briefe. Göttingen 1852, 1. S. XXXV ff. — Da Costa, de Apost. Joh. en zyne Schr. Amst. 1854, S. 169 ff. — Man vergleiche besonders auch den Artikel von Ebrard: Johannes der Apostel in Herzog's Real-Encyclop. VI. S. 732 ff.

nur das vierte Evangelium mit seiner Logoslehre kennt, sondern sich auch auf die Acta Pilati beruft, deren ungenannter Verfasser den Inhalt dieses Evangeliums gekannt hat; und daß die ausgezeichnetsten unter den Kirchenvätern des 2. Jahrhunderts, ein Theophilus, Athenagoras, Apollinaris, Tatian, u. a. dieses Zeugniß auf die unzweideutigste Weise unterstützen. Das Schweigen zweier unter ihnen, des Papias und Polycarp, kann kein ernstes Bedenken erregen, wenn wir erwägen, daß von dem ersten nur ein Fragment, von dem zweiten nur ein einziger Brief auf uns gekommen ist, während beide überdies den 1. Johannesbrief, auf dessen engen Zusammenhang mit dem vierten Evangelium wir schon hinwiesen, kennen.

6. Es ist Thatsache, daß der Kirchenvater Irenäus, ein Schüler des Polycarp, in der 2. Hälfte des 2. Jahrhunderts mehr als 60 mal dieses Evangelium citirt; daß die älteste syrische Uebersetzung des neuen Testaments es in diesem Zeitraum ohne Anstand neben den andern kanonischen Evangelien aufnahm; daß ungefähr gleichzeitig der älteste Kanon des neuen Testaments, von dem uns ein Fragment (das von Muratori) aufbewahrt ist, nach der Erwähnung des Lucas als des 3. Evangeliums das des Johannes als viertes folgen läßt. Vergleicht Irenäus die vier Evangelien mit den vier Winden und den vier Cherubim, so benimmt dieses dem Werthe seines Zeugnisses nichts. Auf historische Gründe hin vom Bestehen einer Vierzahl Evangelien überzeugt, erlaubt er sich diese geistreiche Spielerei, zeigt aber, daß er keineswegs eine Vierzahl Evangelien aus rein aprioristischen Gründen annahm.

7. Es ist Thatsache, daß zwar dieses Evangelium erst um das Jahr 180 als Werk des Apostels Johannes unter seinem Namen citirt wird, zugleich aber, daß es schon geraume Zeit vorher den 3 ersten Evangelien gleich geachtet wurde, was durchaus unmöglich wäre, wäre der apostolische Ursprung ernstlich bezweifelt worden. Auch andre Schriften des neuen Testaments, und darunter solche, deren Aechtheit über allen Zweifel erhaben ist, wurden anfänglich wenig oder gar nicht unter dem Namen ihrer Verfasser citirt. Denn was fast nirgends Widerspruch fand, brauchte nicht immer eigens erwähnt zu werden, und da anfänglich der Strom der mündlichen Ueberlieferung noch rein und ruhig dahinfloß, war die Kirche weniger auf das geschriebene als auf das gesprochene Wort der ersten Zeugen des Herrn angewiesen.

8. Es ist Thatsache einerseits, daß die patristische Literatur des 2. Jahrhunderts dermaßen von der Logosidee beherrscht wird, daß Alles

uns brängt, an eine gemeinsame Hauptquelle dieser Vorstellung in der Lehre eines Apostels des Herrn zu denken, andrerseits, daß diese Literatur so tief unter der des apostolischen Zeitalters steht, daß das Aufkommen einer so hervorragenden und dabei erdichteten Schrift, wie des vierten Evangeliums, in dieser Periode, ohne daß einmal der wahre Name des Verfassers bekannt geworden wäre, eine höchst unwahrscheinliche, ja undenkbare Ausnahme sein müßte. Ist es nicht zu leugnen, daß die johanneische Auffassung von Christo selbst einem guten Theil der Christen des 3. Jahrhunderts noch ziemlich fremd blieb, so läßt es sich um so weniger begreifen, daß ein romantisirender Anonymus schon in der Mitte des 2. Jahrhunderts eines schönen Tages unerwartet aus seiner Verborgenheit mit einer Schrift wie diese zum Vorschein getreten sei, die einer späteren Zeit sogar noch voraus war. Erst allmälig hat die christliche Kirche sich zu dem hohen Standpunkt des Johannes emporgearbeitet, und sich darauf eine Reihe von Jahrhunderten behauptet, bis im Jahre 1792 (wie wir sahen) ein ungläubiger Engländer das Signal zu einem Streite gab, der seit den letzten Jahren aus den theologischen Schulen in den Schooß der Gemeinde verpflanzt wurde.

Noch viel mehr könnten wir sagen, doch für unsern Zweck genug! Wahrlich, es nimmt uns nicht Wunder, daß selbst ein gelehrter Gegner des vierten Evangeliums die äußeren Beweise, an und für sich betrachtet, für so genügend halten konnte, daß wenigstens von dieser Seite nicht der geringste Zweifel aufsteigen könne. Wir glauben nicht, daß Lücke sich zu stark ausgedrückt hat, wenn er dieses Evangelium einen Felsen nannte, auf dem der Hammer der Kritik leichter sich selbst zertrümmern, als diesen schädigen werde. Und mit gutem Gewissen sprechen wir als Resultat unsrer Untersuchung diese vierte und letzte These aus:

Was das Evangelium selbst über seinen Verfasser uns vermuthen läßt; was durch das, was uns anderswoher über Johannes bekannt ist, bestätigt wird; was mit dem Inhalt des Evangeliums, wenn man es an und für sich und abgesehen von der Wunderfrage betrachtet, in keinem einzigen wesentlichen Punkte in Widerspruch steht: das wird in Verbindung mit all diesem von dem Zeugniß des christlichen Alterthums auf eine Weise bestätigt, welche den Glauben an die Aechtheit des Evangeliums in hohem Grade rechtfertigt, und bei fortgesetzter unparteiischer Untersuchung immer mehr rechtfertigen wird.

Hier stehen wir still. Sollten wir nun meinen, die Sache für immer entschieden, und die Vertreter der entgegengesetzten Ansicht wie mit einem Streiche zu Boden geschlagen zu haben? Verehrte Zuhörer! Die Liebhaberei des wissenschaftlichen Todtschlagens und Vernichtens wollen wir gerne Andern überlassen. Ueber viele Schwierigkeiten, die wir bisher nicht berührten, hoffen wir später zu sprechen. Aber soviel wagen wir jetzt schon zuversichtlich zu behaupten: Wir würden denen, die sich mit dem Studium der Schriften des klassischen Alterthums beschäftigen, Glück wünschen, wenn für die Aechtheit all seiner Meisterwerke so kräftige Beweise vorhanden wären, als durch die weise Vorsehung des Gottes der Wahrheit für die Aechtheit dieses so sehr verkannten Evangeliums bestehen. Sicherlich kann man, wenn man will, immer Ausflüchte finden, Ausnahmen aufwerfen, von abstracten Möglichkeiten offenbare Wahrscheinlichkeiten aufwiegen lassen. Was uns jedoch betrifft, so zweifeln wir, ob für einen historischen (wohl zu unterscheiden von einem mathematischen) Satz billigerweise kräftigere Beweise gefordert werden können, als die, worauf wir heute Sie hinwiesen. Wir halten die gute Sache des Johannesevangeliums für feindlicher als je bedroht, aber keineswegs für verloren. Und indem wir jetzt schon voraussagen können, auf welche Seite sich die Wagschaale des wirklich unparteiischen Urtheils neigen wird, erkennen wir ehrfurchtsvoll die tiefere Wahrheit an, die in jener falschen Meinung, Johannes werde am Leben bleiben bis zur Wiederkunft des Herrn, verborgen liegt, und sagen mit tiefem Gefühl der Bewunderung, Liebe und Dankbarkeit: „Dieser Jünger stirbt nicht"!\*)

---

\*) Ueber die äußeren Zeugnisse lese man die gediegene Abhandlung des Groninger Professors Hofstede de Groot: een tydgenoot der langst levenden onder de Apostelen, als eerste getuige voor de oudheid en het gezag van boeken van het N. T. in verband met andere getuigen daarover voor het jaar 138 in der holländischen theologischen Zeitschrift Waarheid in Liefde 1866 S. 449 ff., sowie die Fortsetzung davon unter dem Titel: De oudheid en echtheid van Joh. Ev. volgens uitwend. getuig. voor het midden der tweede eeuw, S. 593 ff. in derselben Zeitschrift.

Aus der deutschen Literatur verdient verglichen zu werden: H. Ewald, über die neuesten Zweifel an der völl. Aechtheit des Ev. Joh. in den Jahrbüchern der bibl. Wissenschaft 1865 S. 212 ff. Als populäre Schrift ist zu empfehlen: Vom Ev. des Joh. Eine Rede an die Gemeinde von C. A. Hase. Leipz. 1866.

## II.

# Johannes

## und

## die synoptischen Evangelien.

> „Jene ganz eigenthümliche Hoheit und Herr-
> lichkeit Christi, wie sie im Evangelium Johannis
> sich darstellt, blieb ganz gewiß auch den andern
> Jüngern nicht verborgen; aber nur Johannes
> war fähig, sie darstellend zu reprodu-
> ciren. Jeder Mensch kann den zarten Duft
> eines im Abendroth erglühenden Alpengebirges
> sehen, aber nicht jeder ist im Stande, den-
> selben zu malen. Johannes hatte diese Natur
> eines lebendigen Spiegels, der den vollen Glanz
> des Herrn nicht bloß aufnahm, sondern auch
> wiederzustrahlen vermochte."
>
> A. Ebrard.

„Dieser Jünger stirbt nicht." Mit diesem Worte des Glaubens und der Hoffnung haben wir unlängst unseren ersten Vortrag beschlossen, der eigens dazu bestimmt war, die Aechtheit des Johannes-Evangeliums, soweit die Beschränktheit der uns zugemessenen Zeit es erlaubte, zu wahren.

Auch nach fortgesetzter Ueberdenkung des höchst gewichtigen Gegenstandes, welcher damals uns beschäftigte, nehmen wir dieses Wort nicht zurück. Damit ist indessen keineswegs gesagt, daß Johannes die Unsterblichkeit erlangen sollte, ohne gleichsam aufs Neue immer wieder zum Tode verurtheilt zu werden. Im Gegentheil ist, wie die Geschichte des Herrn, so auch die seiner treuen Zeugen die Geschichte eines Triumphes, aber nach stets sich erneuendem Kampfe; eines Wiedererstehens aus dem oft bereiteten Grabe. Zu Anfang dieses Jahrhunderts erschien im benachbarten Deutschland eine ziemlich frivole Schrift unter dem Titel:

„Der Evangelist Johannes und seine Ausleger vor dem jüngsten Gericht",*) aber wenn wir den Titel ernst nehmen, und den Apostel uns vorstellen mit seinen Dolmetschern vor höherem Richterstuhl erschienen, so vermuthen wir, daß er sich über nicht wenige unter ihnen von ganzem Herzen beklagen möchte. Soviel steht fest, daß wenig Schriften des N. T. im Laufe der Zeiten auf so verschiedenartige, sich nicht selten geradezu widersprechende Weise betrachtet und beurtheilt worden sind, als diejenige, welcher wir heute von Neuem unsere Aufmerksamkeit widmen wollen. Wenn wir uns noch einmal die begeisterten Lobreden ins Gedächtniß zurückrufen, die früher und später, von Origenes an bis auf Matthias Claudius, dem „pneumatischen Evangelium" gespendet worden sind, und ihnen gegenüber stellen die schweren Beschuldigungen, mit denen seit den letzten Jahren insonderheit der „Vierte" — so nannte man unseren Evangelisten oft mit unverkennbarer Geringschätzung — überschüttet wurde, so können wir kaum begreifen, wie soviel Ehre und soviel Schmach ein und derselben Person zugedacht werden kann, und kaum läßt sich die Frage unterdrücken, durch welchen mißgünstigen Umschwung des Geschickes der Adler, den so viele Millionen Augen auf seinem kühnen Fluge bewundernd und theilnehmend begleiteten, denn nun auf einmal ein Rabe geworden zu sein scheine, der Jahrhunderte lang geprunkt mit fremdem Federschmucke, bis endlich ein scharfsichtiges Auge dem Betruge auf die Spur gekommen sei. Wahrlich, auch der Apostel Johannes könnte, in Anbetracht seiner Aufnahme in jüngster Zeit, die wehmüthige Klage, wie sie ein vaterländischer Trauerspieldichter dem verblichenen Ruhme in den Mund legt, wiederholen:

„Wat is de mijne een val! Hoever ben ik versmeten!"**)

---

Wenn auch „bis auf gestern" gerade nicht, so doch bis vor wenigen Jahren noch würde fast Niemand Anstand genommen haben, „dem einzigen zarten Haupt-Evangelium," wie Luther es nannte, unbedenklich den Ehrenpreis zuzuerkennen, und obschon kein irgendwie angesehener Theologe die große Verschiedenheit zwischen den synoptischen und den johanneischen Erzählungen unbemerkt ließ, so erkannte man doch stets den Werth der letztgenannten an, ja man gab schließlich nicht selten,

---

*) Bogel, Superintendent in Wunsiedel.
**) „Wie ist so jäh' mein Fall! wie bin ich fern verschlagen!"

bewußt oder unbewußt, unter Schleiermachers Einfluß dem Johannes den Vorzug. Gegenwärtig jedoch scheint es ausgemacht, daß man sich und Andre sammt und sonders betrogen habe. Es ist, als ob unser N. T. ein doppeltes Christusbild, das synoptische auf der einen, das johanneische auf der andern Seite, enthalte. Die Verschiedenheit zwischen Beiden, die man überdieß noch möglichst zu erweitern sucht, erscheint als ein dauernd unversöhnlicher Streit, ein Streit, der fast immer zu Gunsten des Matthäus, Marcus und Lucas ausschlägt. Das Evangelium des Johannes hingegen erscheint bei Vergleichung mit seinen Vorgängern immer mehr als eine nebelhafte, mystische Schrift, die keinen rein historischen, sondern einen dogmatisch-philosophischen Charakter trägt, und uns viel eher den Christus-Begriff des anonymen Autors und seiner Geistverwandten, als ein anschauliches Christus-Bild im Rahmen seiner Zeit vor Augen stellt. Hieraus folgt denn, daß, wo es uns um Kenntniß des „Lebens Jesu" zu thun ist, die drei ersten Evangelien (natürlich vorbehaltlich der nöthigen kritischen Sichtung) zu Rathe gezogen werden müssen; während man aus dem vierten im Gegentheil höchstens etwa noch entnehmen kann, wofür man Jesus im zweiten Jahrhundert gehalten hat, durchaus aber nicht, wer Jesus in Wirklichkeit gewesen ist.

Was sollen wir auf diese und andere Behauptungen antworten, die durch den zuversichtlichen Ton, in dem sie vielfach vorgetragen werden, wohl geeignet sind, auf den, der sie zum ersten Mal hört, einigen Eindruck zu machen? Wir könnten vielleicht daran erinnern, daß die gläubige Kirche aller Jahrhunderte, wie es scheint, von diesem unversöhnlichen Conflikt zwischen dem synoptischen und dem johanneischen Christus nicht sonderlich viel gemerkt hat, da sie sich abwechselnd durch Lesen und Ueberdenken der Worte und Thaten des einen wie des andern erbaut, und aus beiden zusammen ein Christusbild sich entworfen hat, vor dem sie noch immer in anbetender Bewunderung niederkniet.

Diese Wahrnehmung möchte zum Wenigsten das beweisen, daß gedachte Verschiedenheit das tiefste Heiligthum des christlichen Glaubensbewußtseins nicht gefährdet, und das Vermuthen wach rufen, ob hier der Streit nicht ein mehr scheinbarer als wirklicher sei. \*) Doch die Rich-

---

\*) Sehr richtig schreibt Roger Hollard über den Charakter J. Chr. in der Revue Chrétienne von Edm. de Pressensé: „Die christliche Frömmigkeit nährt sich an unseren vier kanonischen Evv., und dennoch kennt sie nur einen Christus. Die Bedeutung dieser Thatsache ist gewichtig. Beim Volke gibt es

tigkeit dieser Vermuthung kann sich jedenfalls erst durch eingehendere Untersuchung ergeben, und — so vermuthen Sie bereits, welches die Aufgabe ist, die wir für heute uns gestellt haben.

Im vorigen Vortrag haben wir gesehen, daß der Inhalt des vierten Evangeliums, ganz an und für sich betrachtet, nichts enthält, was seinem Selbstzeugniß in Betreff seines Verfassers direct widerspräche. Allein — wir ließen es bereits damals nicht undeutlich durchblicken — die Schwierigkeiten kommen dann erst zum Vorschein, wenn wir dieses vierte Evangelium neben die drei andern, oder ihnen gegenüberstellen. Immerhin läßt es sich nicht leugnen, dort und hier erhalten wir einen ganz andern Eindruck; manchmal schwebt uns das Wort auf den Lippen: „ist Dieses Wahrheit, so kann ich das Andere schwerlich annehmen"; Christus selbst stellt sich bei Johannes ganz anders dar, als bei dessen synoptischen Vorgängern: ist er nicht möglicherweise auch ein anderer Christus? Ueber das Gewicht der Frage brauche ich kein Wort zu verlieren; zwei Vorstellungen, die einander unerbittlich ausschließen, können nie gleich wahr sein. Wieviel es uns auch kosten sollte, unseren Johannes dranzugeben, wir würden uns auch in diesen Verlust schicken müssen; denn, nicht ein Zeuge mehr oder weniger für die Wahrheit, sondern die Wahrheit selbst wird uns frei machen, und um Freiheit von Sünde, nicht weniger aber auch von Irrthum, ist es uns als denkenden Christen gewiß auch hinsichtlich dieses Punktes zu thun? Wohlan! so folgen Sie uns mit erneutem Interesse, wenn wir heute zuerst den Lehrbegriff, und dann die historische Darstellung des vierten Evangeliums im Vergleich mit den drei ersten in Erwägung ziehen, speciell mit der Frage, ob beide Seiten in einem solchen Gegensatze zu einander stehen, daß wir uns hier zu einem unwiderruflichen: „Entweder — oder" gezwungen sehen. Haben wir erwähnte Verschiedenheit auf ihre wahren Grenzen reducirt, so wird es nicht

ebenso wie beim Kinde, einen Instinct, der die beste Kritik an Feinheit übertrifft. Man kann von diesem Volke sagen, was Jesus von seinen Schafen sagt: Einem Fremden aber folgen sie nicht nach. Wenn nun erwähnte Ansicht begründet ist, wenn der Jesus des Johannes ein ganz anderer ist, als der der drei ersten Evv., dann muß man auch zugeben, daß die Christenheit mehr als fünfzehn Jahrhunderte, ohne einigermaßen zu zweifeln, einen Fremden mit dem Namen Meister begrüßt, und beide, den Fremdling und den Meister derselben Anbetung würdig geachtet hat. Solch ein Mißverständniß würde nicht allein ohne Beispiel in der Geschichte sein, sondern auch die Geschichte gegen sich haben."

schwer fallen, die Schlußfolgerung zu ziehen, sowohl was die Aechtheit und Glaubwürdigkeit dieser Schrift im Allgemeinen, als was den Rang betrifft, welchen sie auf die Dauer unter den Quellen für die Lebensgeschichte unseres Herrn einzunehmen hat. —

I. Das Bedenken, das aus dem so ganz eigenthümlichen Lehrbegriff des vierten Evangeliums entlehnt wird, hat den Bestreitern dieses Evangeliums in neuester Zeit eine mächtige, scheinbar unüberwindliche Waffe an die Hand gegeben. „Nicht darum" — man hat es vor noch nicht langer Zeit treffend bemerkt, — „nicht darum hat man die Aechtheit des Johannes-Evangeliums bezweifelt, weil die Beweise dafür zu schwach, zu wenig überzeugend wären; nicht darum hat man gegen den historischen Character seiner Erzählungen Bedenken eingeworfen, weil man auf soviel Unhistorisches stieße, sondern weil man einen Lehrbegriff darin gefunden zu haben glaubte, der durchaus in Streit sei mit demjenigen, welchen, wie man voraussetzte, der Jünger, welchen Jesus lieb hatte, haben konnte und haben mußte."

„Oeffnet eure Augen und sehet", so ruft man von der Linken uns unermüdlich zu. „Schon die Form, in welcher ihr den Christus der drei ersten Evangelien reden hört, ist unendlich verschieden von dem Gewande, in welches der Christus des vierten seine Lehre einkleidet, aber welch weite Kluft thut sich vor Allem erst auf zwischen Inhalt, Geist und Tendenz der Reden des einen und des andern! Hier tritt euch die Wahrheit entgegen im durchsichtigen Gewande des Gleichnisses; dort vernehmt ihr den scharfen Ton heftiger Streitrede, von Seiten des Herrn in endlosen Wiederholungen fortgesetzt, von Seiten der Feinde mit unbegreiflichem Mißverstand und hartnäckigem Widerspruche beantwortet. Es ist bei dem johanneischen Christus nicht allein, als müsse, sondern als wolle er absichtlich mißverstanden werden: seine Lehre ist dogmatisch gefärbt, und nicht das Evangelium des Reiches Gottes, wie bei den Synoptikern, sondern die eigene Persönlichkeit ist der Kern und Mittelpunkt, um den sich Alles dreht. Es kommt Alles auf Eins heraus, ob ihr in diesem Evangelium den Bußprediger, oder Jesum selbst oder den Apostel reden hört, in nahezu gleicher Form sprechen sie alle dasselbe aus. Ich bitte, ist es denkbar, daß die ziemlich ausführlichen Reden Jesu, die wir hier beständig antreffen, wirklich so von ihm gehalten, und vorausgesetzt auch schon, daß Johannes der Verfasser ist, mit genügender Treue auch gerade so aufgezeichnet sind? Wahrlich, nicht bloß die Form der Reden des Herrn, wie sie hier vorkommen, sondern auch ihr Inhalt ist derartig, daß das Mißtrauen, aus welchem diese Frage hervorgeht, wohl begründet ist! Noch einmal; in den drei ersten Evangelien vernehmt ihr die Stimme des einfachen Rabbi von Nazareth, den wir verstehen, liebgewinnen, und dem wir, wenn auch nur mangelhaft, nachfolgen können; aber der johanneische Christus tritt in überirdischem Glanze euch vor Augen, stets Zeugniß ablegend von der übernatürlichen Beziehung, in welcher Er und Er allein zum Vater steht, nicht als einer aus Israels Mitte, sondern als einer, der im Gegensatze zu demselben steht; und redend von seiner Bedeutung, sowohl für die gläubige, als auch für die ungläubige Welt. Dort beginnt er erst in einem bestimmten Zeitpunkte von seinem Leiden und Sterben zu reden; hier hören wir ihn bereits zu Anfang seines öffentlichen Auftretens seines tragischen Ausgangs erwähnen. Dort werden Auferstehung und Gericht am jüngsten Tage mit dichterischen Farben geschildert, ganz so wie sie, wir wissen dies von anderer Seite, die Juden erwarteten, und auch Jesus, wie wir leicht begreifen können, dieselben sich vorgestellt hat; hier hören wir von einem ewigen Leben schon diesseits des Grabes sprechen; von Hölle, von sichtbarer Wiederkunft, von Weltgericht ist nicht die Rede; Alles wird durchaus geistig aufgefaßt, gehört aber auch zugleich in einen ganz andern Ideenkreis, als der ist, worin wir uns sonst bewegen. Wozu mehr?"

Ergeht es uns beim Lesen des Matthäus, Marcus und Lucas, wie dem Wanderer in einer reizenden und fruchtbaren Ebene, beim Lesen des Johannes ist es, als müßten wir einen Berggipfel besteigen, dessen Spitze sich in den Wolken verliert. Oder lieber, lassen die drei ersten Evangelien uns denken an einen freundlichen Bach, der in seinem murmelnden Dahineilen uns einen Blick auf seinen Grund vergönnt, Johannes ist wie ein majestätischer See, dessen Spiegel das Firmament mit seinen Sternen wiederstrahlt, während die Tiefe desselben unserem Auge verborgen bleibt."

Haben wir einigermaßen vollständig und deutlich ausgesprochen, was Mancher bei aufmerksamem Durchlesen des vierten Evangeliums dunkel fühlte, so darf es uns auch nicht verwundern, wenn die Bestreiter seiner Aechtheit uns anrathen: auf Grund dieser und anderer Wahrnehmungen hin künftig nicht mehr von einem johanneischen Christus, sondern lieber von einem christlichen Johannes zu sprechen. —

Aber um so weniger dürfen wir uns einer eingehenden Prüfung dieser Einwürfe enthalten, oder der Untersuchung der Frage uns entziehen, in wiefern es sich denn ergebe, daß hier die Begriffe Verschiedenheit und Streit zusammenfallen? Wir versprechen eben so wenig völlig Neues, als etwas Vollendetes zu liefern; lassen es ja auch die Bestreiter am allerwenigsten an beständiger Wiederholung des oft Gesagten und oft Widerlegten fehlen. Dennoch wagen wir es freimüthig, folgende Bemerkungen Ihrem allseitigen und unparteiischen Nachdenken zur Prüfung zu unterbreiten.

Erstens: Jede ausgezeichnete Persönlichkeit — und dieses Prädicat gesteht doch ein Jeder dem Heilande zu — bietet dem Beobachter verschiedene, mehr oder weniger heterogene Seiten und Gesichtspunkte dar, die bei oberflächlicher Betrachtung einander ausschließen, und die doch, näher besehen, bis zu einem gewissen Grade einander ergänzen. Von Göthe sagte einer seiner Biographen, es steckten in ihm wohl zehn verschiedene Menschen; in einem Luther, Augustinus, Paulus entdeckt unser Auge eine Vielheit und Fülle des Verstandes- und Geisteslebens, daß es uns dann und wann Mühe kostet, in den weit auseinandergehenden Kundgebungen desselben jederzeit die Grundzüge ein und derselben Persönlichkeit wiederzufinden. Wie verschieden zeigt sich der Paulus des Römerbriefes z. B. von dem der sogen. Pastoralbriefe, oder auch der Paulus der Apostelgeschichte von dem der Briefe im Allgemeinen, so daß man zuweilen, wenn man sich, statt weiter und tiefer zu blicken, bloß durch den ersten Eindruck leiten ließe, unwillkürlich dazu kommen könnte, das eine oder das andere Bild unhistorisch zu nennen! Den großen Heidenapostel hören wir irgendwo wünschen, „bei seinen Lesern zu sein und seine Stimme wandeln zu können" (Gal. 4, 20); und wir wissen, wie ausnehmend ihm dies mehr als einmal gelungen ist; auf der Tonleiter eines solchen Instrumentes kann eine unendliche Abwechselung von Tönen stattfinden, ohne daß darum noch die Harmonie zerstört würde. Doch, ist dies schon bei einem Paulus so, um wie viel weniger darf es uns befremden bei dem, welcher mehr denn Paulus war; bei welchem ein unendlicher Reichthum von Lebensformen und Lebensäußerungen sicherlich weit eher, als das Gegentheil begreiflich ist? In dem „à mille facettes" geschliffenen Diamant erglänzt ein und dasselbe Licht in vielfältiger Farbenbrechung: sollte es sich anders verhalten auf einem unendlich höheren, dem geistigen und göttlichen Gebiete? Selbst in dem Christus der synoptischen Darstellung schlummert schon eine solche Tiefe des Selbstbewußtseins, zeigt sich zugleich eine solche Herrschaft, ein solcher Reichthum auf dem Gebiete der Form, daß es, gelinde gesagt, Niemanden Wunder nehmen darf, wenn er auf einmal bei ihm Gedanken und Formen wahrnimmt, mit welchen seine Biographen, die wir bisher zu Rathe zogen, uns entweder gar nicht, oder wenigstens nicht auf diese Weise bekannt machten.

Demgemäß verdient an zweiter Stelle bemerkt zu werden, daß schon die drei ersten Evangelien uns in Inhalt und Form der Lehre unseres Herrn große Verschiedenheit wahrnehmen lassen. In der Bergpredigt wird ja hier und da auf treffende Weise die Metapher angewendet, ebenso wie man dieselbe beständig bei Johannes findet, aber vergebens würde man sich dort nach eigentlichen Gleichnissen umsehen. Später hingegen, am Ufer des galiläischen Meeres, sehen wir den Herrn seinen Mund öffnen, um in einer Reihe von Parabeln zu sprechen, wovon verschiedene sogar, wie es scheint, auf denselben Tag und vor derselben Zuhörerschaft vorgetragen werden. Und auf dem Punkte endlich, da seine öffentliche Lehrthätigkeit ihrem Ende naht, vernimmt man von dem Gipfel des Oelberges eine prophetisch-eschatologische Rede (Matthäus 24 u. 25), deren Inhalt und Ton nicht weniger von der populären Parabel, als diese wiederum von der Bergpredigt abweicht. So spricht der Herr anders als Gesetzgeber des N. T., anders als freundlicher Volkslehrer, anders wiederum als Herold seiner eigenen Wiederkunft. Lassen wir Matthäus und Marcus für einen Augenblick außer Betracht, so stoßen wir gerade in dem Theile des Lucas, welchem die neuere Kritik so hohen Werth zuerkennt (in der Erzählung der letzten Reise nach Jerusalem, Kap. 9, 51 — 18, 14), auf einen Schatz von Gedanken und Lehrformen, dessen Vorhandensein die beiden ersten Evangelisten uns kaum ahnen ließen. Die Gleichnisse bei Lucas, ich erwähne bloß die vom ungerechten Haushalter, von dem reichen Mann und dem armen Lazarus, von dem Richter und der Wittwe, haben, neben die von Matthäus gestellt, eine so eigenthümliche Physiognomie, daß man vielleicht ohne allzugroße Kühnheit das Erscheinen irgend welches Kritikers prophezeien darf, der uns alsbald die eine oder die andere Reihe bezweifeln wird. Nach diesen Einzelheiten komme ich zu dem Resultate, daß jener Christus, welcher so viele, beziehungsweise neue Dinge aus seinem reichen Schatze, wie wir schon von dieser einen Seite vernehmen, zum Vorschein zu bringen vermag, sicherlich nicht so arm gewesen sein kann, daß er nicht über noch manch anderen Schatz hätte verfügen können, falls sich ihm in seiner Umgebung ein bestimmter, seinem Zweck entsprechender Beweggrund darbot. —

Und das ist es, worauf wir an dritter Stelle hinweisen. Der in Inhalt und Form sich zeigende Unterschied zwischen den Worten des johanneischen und des synoptischen Christus läßt sich zum größten Theil aus der Verschiedenheit der Umgebung und des Zweckes erklären. Ich gestehe, daß, wenn ich z. B. läse, die Abschiedsreden bei Johannes seien vor einer gemischten galiläischen Volksmenge gesprochen, mir dieses ebenso unglaublich klingen würde, als wenn ich hörte, die Bergpredigt sei in der Halle Salomonis zu Jerusalem vor den ungläubigen Juden gehalten worden. Aber es ist bekannt, daß Johannes uns in seiner Schilderung des Herrn vornehmlich nach Judäa versetzt, während uns die übrigen Berichterstatter beinahe ausschließlich nach Galiläa verweisen. Sollte es für die Lehrweisheit Jesu sprechen, wenn er zu dem Volke in demselben Tone geredet hätte, wie zu den vornehmen Juden, oder umgekehrt? Konnte und mußte der Ton, in welchem er hier den Armen und Unwissenden die frohe Botschaft brachte, und in welchem er dort den Kampf gegen Unterdrücker und Volksverführer kämpfte, nicht ein verschiedener sein? Ein Beweis für die Richtigkeit dieser Bemerkung dürfte sogleich schon der Umstand sein, daß wo wir bei Matthäus z. B. den Herrn mit den Juden Jerusalems in Berührung kommen sehen (wie Kap. 15. in seinem Gespräch mit den an ihn abgesandten Pharisäern und Schriftgelehrten über die Ueberlieferung und die Reinigungsgesetze, oder Kap. 23 in den Streitreden zu Ende seiner Wirksamkeit), die Sprache eine ganz andere ist, als vor dem heilsbegierigen Volke, und dieselbe heilige Entrüstung athmet, welche aus den Strafreden bei Johannes uns entgegenweht. Hingegen hören wir ihn auch bei Johannes bisweilen so klar, verständlich, nach dem Bedürfniß und den Umständen des Augenblicks reden — man denke nur an das bekannte Gespräch mit der Samariterin — daß es uns kaum wundern würde, wenn wir ein solches Blatt in den drei ersten Evangelien anträfen.

Stehen wir viertens nach dem Gesagten bei der Form der johanneischen Reden noch etwas still, so müssen wir zugestehen, daß wir hier keine Parabeln im eigentlichen Sinne des Wortes finden. Aber es läßt sich doch auch eben so wenig bestreiten, daß diese Form viel geeigneter für volksthümliche Belehrung, als für dialectischen Wortstreit mit den Repräsentanten der rabbinalen Gelehrsamkeit heißen dürfte; und noch weniger, daß im vierten Evangelium die Metapher, wie die vom guten Hirten und dem wahren Weinstock so weit durchgeführt und so trefflich ausgearbeitet ist, daß sie hier und da dem dramatisch-historischen Charakter des eigentlichen Gleichnisses nahe kommt. — Für beinahe Alles, was der Kritik an der Form der Reden des Herrn bei Johannes anstößig ist, trifft man Analogieen und Parallelen bei den Synoptikern an, welche, insonderheit wenn man die Verschiedenheit der Umgebung und des Zweckes im Auge behält, zuweilen merkwürdig sind. Man klagt z. B. über die Länge der johanneischen Reden? Aus der Bergpredigt, schon wie sie uns Lucas (Kap. 6, 17—49) aufbewahrt hat, erhellt indessen, daß er auch in Galiläa dann und wann mehr zusammenhängende Reden hielt. — Man findet, daß sie sich mitunter wiederholen? Um nicht zu erinnern, daß auch bei theilweiser Wiederholung die Rede des Herrn bei Johannes unaufhaltsam sich fortbewegt, und in ihrem Strome beständig neue Goldkörner mit sich führt, bemerken wir, daß auch bei Matthäus, Marcus und Lucas zuweilen zwei oder mehr Gleichnisse der Ausführung nahezu desselben Grundgedankens gewidmet sind. Wer, wie Strauß das Allerheiligste des sog. hohenpriesterlichen Gebets „langweilig" nennen kann, dem steht auf diesem Gebiete ebenso wenig ein befugtes Urtheil zu, als demjenigen, der die Musik eines Mozart oder Beethoven auf eine Stufe setzt mit dem unausstehlichen Lärm, welcher an etlichen Tagen des Jahres die Freude unserer auf Hausputz haltenden Hausfrauen und der Schrecken beinahe eben so vieler ruhelebender Hausväter ist. —

Man hat viel gegen das Prägnante, das Paradoxe, das tief Mystische einiger dieser Aussprüche zu bemerken? Vielleicht dürfte ich das Wort eines berühmten Mannes hier anwenden: „wer Paradoxa scheut, hat die Wahrheit nicht lieb," aber lieber will ich fragen, ob man diese Art des Ausdruckes bei Matthäus und den beiden andern Synoptikern so ganz und gar vergeblich suche? Ein Wort z. B. wie: „wer sein Leben erhalten will, der wird es verlieren; wer aber sein Leben verlieret um meinetwillen, der wird es finden" — steht auch in dem ersten Evangelium zu lesen, (Mth. 16, 25); und was kann paradoxer klingen, als der Spruch, der uns nicht von Johannes aufbewahrt wurde: „Wer da hat, dem wird gegeben, daß er die Fülle habe; wer aber nicht hat, von dem wird auch genommen, das er hat (Mt. 13, 12)! Es erregt Argwohn, daß die Worte des Herrn im vierten Evangelium in der Regel mißverstanden, und wo sie geistig gemeint sind, durch buchstäbliche

Auffassung zur Ungereimtheit herabgedrückt werden? Aber auch bei Matthäus (Kap. 16) und Marcus (Kap. 8) hören wir, was ärger ist, sogar die Jünger die Warnung des Herrn vor dem Sauerteige der Pharisäer und Sadducäer als einen Verweis dafür betrachten, daß sie kein Brod mitgenommen hätten; und Mth. 21, 45 wird es als etwas Merkwürdiges mitgetheilt, daß die Hohenpriester und Pharisäer damals den Herrn verstanden, was sonach auch nach diesem Evangelisten keineswegs gewöhnlich der Fall gewesen sein muß. Ich könnte noch mehr sagen; aber schon genug. Für das Auge, das keinen Widerspruch und keinen Gegensatz sucht, ist es klar: Bei den Synoptikern spricht der Herr bisweilen so johanneisch und anderseits bei Johannes so synoptisch, daß bald, will man den Gegensatz absolut festhalten, kaum eine andere Wahl bleiben wird, als auf beiden Seiten ein tüchtiges Stück als unächt und unglaubwürdig zu streichen. —

Dies wird uns besonders deutlich werden, wenn wir noch etwas eingehender den Inhalt der Aussprüche des Herrn nach beiden Berichten ins Auge fassen. Ohne Zweifel sind die Aussprüche Jesu über seine übermenschliche Abkunft und Würde in dem vierten Evangelium weit zahlreicher und kräftiger, als die, welche wir in den drei anderen antreffen. Wir begreifen wohl, daß sie Manchem ein Dorn im Auge sind, aber wir fragen zugleich: Wo sagt doch der Herr nach dem Einen etwas aus, was er nach dem Andern leugnet, oder wo leugnet der Herr nach Diesem, was er nach Jenem behauptet? Offen und ehrlich! glaubt man wirklich des Uebermenschlichen in Christo überhoben zu sein, wenn man sich an die Synoptiker hält? Dennoch ist es nicht Johannes, bei dem wir das große Wort lesen: „wo zwei oder drei versammelt sind in meinem Namen, da bin ich mitten unter ihnen" (Matth. 18, 20), oder: „ich bin bei euch alle Tage bis an der Welt Ende" (Matth. 28, 20); oder: „so nun David ihn einen Herrn nennt, wie ist er denn sein Sohn?" (Matth. 22, 45) oder: — doch wozu Sie mit einer Reihe von Sprüchen belästigen? Schon jenes Eine, Geheimnißvolle und Majestätische: „Alle Dinge sind mir übergeben von meinem Vater. Und Niemand kennt den Sohn, denn nur der Vater, und Niemand kennt den Vater, denn nur der Sohn, und wem es der Sohn will offenbaren,"[*] schon dieses Eine zeigt, daß die Behauptung, der Christus der drei ersten Evangelien sei ein bloß menschlicher Christus gewesen, den Stempel einer offenbaren, ich darf

---

[*] Mt. 11, 27; vrgl. Luc. 10, 22. Siehe auch Matth. 21, 37; 22, 2; 24, 35 u. a. Parall.

nicht einmal sagen einer unbewußten, Unwahrheit trägt. Man weiß sich hier denn auch nicht anders zu helfen als dadurch, daß man schnell das Abrundungssystem, das man in unserer Zeit mit gutem Erfolge auf politischem Gebiete angewendet hat, auch auf das wissenschaftliche überträgt, und z. B. mit Strauß behauptet, daß wohl die eine Hälfte dieses großartigen Wortes die noch eben passiren kann: „Niemand kennet den Vater, denn nur der Sohn", von Jesu gesprochen sei, nicht aber die andere Hälfte: „Niemand kennet den Sohn, denn nur der Vater;"*) eine kritische Operation, beiläufig gesagt, die mit außerordentlichem Erfolge noch auf eine Anzahl anderer hinderlicher Stellen angewendet werden kann, aber dann auch sonder Zweifel dazu beitragen wird, um es endlich auch stockblinden Augen zu beweisen, wo eigentlich die Willkür, wo die ächte Wissenschaft zu finden ist. Es ist, nochmals sei es gesagt, eine offenbare Unwahrheit, wenn ein Anderer uns versichert, daß der Christus der drei ersten Evangelien sich mit der ganzen Menschheit auf einen Boden stelle, um mit ihr zu beten: „Unser Vater"**) — vielleicht auch das: „vergib uns unsere Schulden" dazu? Bisher war man doch noch so ziemlich bestimmt der Ansicht, daß er nicht gesagt habe: „lasset uns beten," sondern: „darum sollt ihr also beten: unser Vater", und daß er von seinem zwölften Lebensjahre an einen augenscheinlichen Unterschied macht zwischen „euer Vater" und „mein Vater," welcher auch nach den Synoptikern nicht geleugnet werden kann und demnach deutlich genug das Bewußtsein einer ganz besonderen Beziehung zu dem Unendlichen ausspricht. Stellt nun der Herr im vierten Evangelium seine Person und Würde noch stärker in den Vordergrund als dies in den drei ersten Ev. der Fall ist, so geschieht es, weil er dort und hier unter ganz verschiedenen Bedürfnissen und Umständen spricht. Seine Reden in Galiläa, die an das Volk gerichtet sind, tragen einen mehr propädeutischen und pädagogischen, seine Disputationen mit den Juden Jerusalems einen mehr polemischen und apologetischen Charakter. Doch dort sowohl als hier bekennt er sich als den Sohn des Menschen, aber mit übermenschlicher Abkunft und Würde; als Sohn Gottes, aber als solcher zugleich sich seiner Abhängigkeit vom Vater bewußt. Die Anforderungen, die er denn auch in Rücksicht auf sich stellt, sind auf beiden Seiten dieselben. Stößt man sich daran, daß er bei Johannes seinen Feinden ein Sterben in ihren

---

*) Leben Jesu, für das deutsche Volk bearb. 1864 S. 209.
**) Keim, der geschichtl. Christus, 3te Aufl. S. 39.

Sünden voraussagt: das achtfache Wehe bei Matthäus, oder das Urtheil über die unbußfertigen Städte Galiläas (Mt. 11, 20—24) klingt uns fürwahr nicht weniger furchtbar. Ein Wort dagegen, wie das synoptische: „wer Vater oder Mutter mehr liebt denn mich, ist meiner nicht werth" (Matth. 10, 37), erscheint ebenso übermäßig, als die directe Schuldvergebung gotteslästerlich, wenn der, aus dessen Munde beides kommt, sowohl in seinem eigenen Bewußtsein als in den Augen des Berichterstatters, keinen höhern Rang einnimmt, als den, einer unserer Mitmenschen zu sein. Verschiedenheit liegt ohne Zweifel vor, aber keine andere, als zwischen der halberschlossenen Knospe und der vollkommen entfalteten Blume. Man hat sehr richtig bemerkt: Die synoptische Christologie setzt nicht bloß die johanneischen Aussprüche voraus, sondern fordert sie auch zu ihrer Ergänzung und — umgekehrt. —

Und verhält es sich wohl anders mit der Art und Weise, wie der Herr nach den beiderseitigen Berichten bei der Verkündigung seiner Messiaswürde, seines Leidens und Sterbens zu Werke geht? Sehr mit Unrecht hat man aus der Erzählung von dem Vorfall zu Cäsarea Philippi (Matth. 16, 13—17) geschlossen, daß Jesus vor dieser Zeit sich weder als Messias ausdrücklich bekannt, noch von seinem Leiden und Sterben gesprochen habe. Unparteiisches Lesen und Vergleichen, schon der synoptischen Berichte allein, weist uns darauf hin, daß er auch schon früher das Eine sowohl, wie das Andere, wenn auch auf mehr bildliche und uneigentliche Weise angedeutet hatte;\*) und so kann es uns denn nicht befremden, wenn wir den Herrn bei Johannes schon zu Anfang seiner öffentlichen Wirksamkeit vom „Abbrechen dieses Tempels" und von einem „Erhöhtwerden wie die eherne Schlange" sprechen, und bald darauf der Samariterin gegenüber sich als den verheißenen Messias erklären hören. Aus den drei ersten, wie aus dem vierten Evangelium erhellt zur Genüge, daß er sowohl bei Eröffnung, als auch bei der bildlichen Einkleidung dessen, was nur mit Behutsamkeit gesagt werden konnte, stets die Lage und das Bedürfniß des Augenblicks berücksichtigte. Nach beiden Berichten hören wir ihn sein nahendes Ende, erst mehr verhüllt und bildlich, später mehr unzweideutig und eigentlich, andeuten. Seine Auferstehung von den Todten hat er nach den vier Evangelien wiederholt vorherverkündet und dadurch sein göttliches Vorherwissen auf unzweideutige Weise zu erkennen gegeben; man müßte denn dieses überall

---

\*) Matth. 5, 11, 12; 7, 21—23; 9, 15; 12, 39 ff. Luc. 4, 18—22 ff.

gleichmäßig leugnen und dabei nur denen „das Recht zu sprechen" zuerkennen wollen, die solche Vorhersagungen a priori für unmöglich halten und ihre historische Kritik demnach ganz durch dogmatisches Vorurtheil beherrschen lassen. Dort wie hier ist jenes Leiden und Sterben durch dieselbe Ursache veranlaßt, für denselben Zweck unentbehrlich; dort wie hier dient es zur Verherrlichung des Leidenden selbst, und wird die Theilnahme an der Frucht seines Lebens und Sterbens von derselben Bedingung abhängig gemacht.

Des Anführens würde kein Ende sein, wollten wir alles Gesagte mit einer Anzahl Beweisstellen belegen: Sie können ja selbst die Schrift mit der Schrift vergleichen. Lassen Sie mich nur noch Ihre Aufmerksamkeit auf die Lehre von den zukünftigen Dingen, die sogen. Eschatologie, lenken, weil hierin besonders auf die fragliche Schwierigkeit großes Gewicht gelegt wird. „Bei Johannes", ruft man uns zu, „kein Wort von der Unterwelt, der Auferstehung der Todten, von dem darauf folgenden Gericht, wie bei den drei ersten Evangelisten!" Allerdings, antworten wir, wenn man nur erst dieses Evangelium einer Art militärischen Execution unterworfen hat, wenn der Kritiker erst festgestellt hat: Dieses oder Jenes durfte der johanneische Christus nicht sagen, weil es in das (von mir angefertigte) Schema seiner Begriffe nicht paßt, oder aber, wenn der Exeget auf den guten Gedanken kommt, durch einen gewandten Kunstgriff das hinderliche Element aus dem hl. Texte zu entfernen. Sind Ihnen jedoch sowohl diese als jene Operationen zuwider, so möchten wir Ihnen zu erwägen geben: wie es doch wohl zu verstehen sei, wenn der johanneische Christus von „einer Stunde" spricht, in der Alle, die in den Gräbern sind, seine Stimme hören sollen; von einer Auferstehung „am jüngsten Tage"; von einem auf denselben Zeitpunkt angesetzten Gerichte; von einem Bleiben „bis daß er kommt", und einer Wiederkunft, „um die Seinen zu sich zu nehmen" — womit doch wohl schwerlich ein rein geistiges Kommen gemeint sein kann?\*) Bereitwilligst gestehen wir zu, daß Auferstehung, Gericht und Wiederkunft des Herrn am Ende der Welt im vierten Evangelium durchgehends in den Hintergrund treten, aber vermißt werden sie darin doch keineswegs. Im Gegentheil bezieht sich auch hier der Begriff des ewigen Lebens mehrmals auf ein erst zukünftiges Leben,\*\*) während es andererseits in den drei ersten

---

\*) Joh. 5, 28; 6, 39, 40, 54; 12, 48; 14, 3; 21, 24.
\*\*) S. z. B. Joh. 4, 14 und 36.

Evangelien nicht an Spuren fehlt, daß auch dort von Leben und Auferstehung in mehr geistigem Sinne gesprochen wird.\*) Und so kommen
wir denn wieder zu diesem Schlusse: der Gegensatz ist ein bloß relativer,
keinesfalls aber als ein unauflöslicher Widerspruch zu betrachten. Im
Gegentheil, der scheinbare Widerspruch liegt auf der Oberfläche, die Uebereinstimmung ist in der Tiefe verborgen.

So gibt also die Verschiedenheit des Lehrbegriffs des Herrn, sofern
hier von einem Lehrbegriffe die Rede sein kann, den Bestreitern dieses
Evangeliums kein Recht, seine Aechtheit zu leugnen. Aber die Glaubwürdigkeit des Johannes im Mittheilen solcher und so vieler
hochwichtigen Aussprüche wird dann wenigstens ernstlich zu bezweifeln
sein? Muß man es doch ganz undenkbar halten, daß wir hier Worte,
eigene Worte des fleischgewordenen Wortes antreffen sollten; vielmehr
wird man annehmen müssen, daß Johannes den Herrn sprechen ließ,
wie er nach seiner Meinung hätte sprechen können und möglicherweise
auch hätte sprechen sollen? Ich weiß, verehrte Zuhörer, dies wird behauptet, aber wir hatten bereits Gelegenheit zu bemerken, daß Behaupten
und Beweisen Begriffe sind, die nicht immer einander decken. Daß
eine sehr große Uebereinstimmung zwischen dem Sprachgebrauch des Johannes selbst und Jesu bei Johannes besteht, läßt sich gewiß durchaus
nicht leugnen. Es ist dies eine natürliche Folge des innigen Verhält-
nisses, in dem er Jahre lang mit dem Herrn stand, dessen Lebens-,
Denk- und Sprechweise er sich allmälig ganz zu eigen gemacht hatte.
Nichtsdestoweniger ist zwischen dem Sprachgebrauche des Evangelisten
selbst und dem der Hauptpersonen seiner Geschichte ein sehr wesentlicher
Unterschied zu bemerken. Johannes z. B. nennt Jesum den Logos, aber
Jesus selbst nennt sich bei Johannes nie so, sondern gewöhnlich, wie
auch bei den andern Berichterstattern, den Sohn. Jesus nennt hier den
H. Geist „den Paraklet", als seinen Stellvertreter bei seinen Jüngern;
Johannes dagegen nennt Jesum den Fürsprecher (1 Joh. 2, 1), wört-
lich den Paraklet, als den Stellvertreter seiner Gläubigen beim Vater.
Jesus spricht von seinem Reiche und dem Reiche Gottes; Johannes,
wo er selbst im Evangelium oder in den Briefen redend auftritt, gebraucht
diesen Ausdruck nicht. Woher eine solche Verschiedenheit, wenn die Reden des Herrn in diesem Evangelium für nichts weiter, als für reine Com-
positionen des Evangelisten zu halten sind? — Was den Täufer be-

---

\*) S. z. B. Lucas 9, 58; 15, 24; 20, 38.

trifft, so klingt sein Zeugniß hier erhabener, als in den drei ersten Evangelien, aber es enthält doch nichts, was der letzte und größte der Propheten unmöglich hätte erklären können, und theilweise wenigstens fällt die Schwierigkeit weg, wenn wir bemerken, daß gerade das vierte Evangelium uns vorzüglich dessen Zeugniß nach der Erscheinung bei der Taufe, wodurch auch ihm ohne Zweifel ein neues und höheres Licht aufgegangen war, erzählt, während die Synoptiker dagegen sein Zeugniß aus einer früheren Periode erwähnen. Wir brauchen darum nicht zu leugnen, daß der Evangelist im Referiren der Worte des Heilandes mit einer gewissen Freiheit verfahren habe. Im Allgemeinen kannte das Alterthum in diesem Punkte das Streben nach diplomatischer und stenographischer Genauigkeit nicht. Der Geist, der den Johannes bei Aufzeichnung der Worte des Wortes leitete, war nicht allein ein Geist der Wahrheit, sondern zugleich auch der Freiheit. Daß wir ihn nichtsdestoweniger als einen treuen und wahrhaften Berichterstatter auch der Reden Jesu betrachten dürfen, steht für uns über alle Zweifel erhaben. Und um diese Ueberzeugung als begründet darzuthun, berufen wir uns jetzt nicht zunächst und direct auf die Verheißung des H. Geistes, der auch ihm galt und an ihm sich erfüllte, obgleich wir uns darauf berufen könnten, ohne damit den Vorwurf zu verdienen, uns eines Zirkelbeweises schuldig zu machen, da ja diese Verheißung und ihre Erfüllung uns nicht allein aus Johannes selbst, sondern auch aus den synoptischen Evangelien, der Apostelgeschichte und den Briefen bekannt ist.[*]) Ebensowenig wollen wir Nachdruck legen auf die übrigens gar nicht ungereimte Vermuthung, daß der Evangelist schon Jahre lang vorher, ehe sein Evangelium das Licht erblickte, eigne Aufzeichnungen von dem, was für sein Herz so unschätzbaren Werth besaß, zusammengestellt habe. Lieber wollen wir auf die Kraft einer Liebe, wie die seinige, aufmerksam machen, vermöge welcher unvergeßliche Erinnerungen gleich jenen, statt mit der Zeit sich zu verflüchtigen, vielmehr stets tiefer und lebendiger werden, und besonders am Ende des Lebens in erhöhter Klarheit zum Vorschein treten. Wir fragen, ob es bei der tiefen, Viele sagen abgöttischen Verehrung, die der Evangelist für den Meister hegt, nicht psychologisch undenkbar ist, daß er diesem Verheißungen und Drohungen, Ermahnungen und Gebete in den Mund gelegt haben sollte, welche, wie er doch wissen konnte und wissen mußte, in Wirklichkeit nie ausgespro-

---

[*]) Matth. 10, 19 u. 20; Lucas 12, 11. 12; 24, 49. Apg. 1, 8 vrgl. Joh. 16, 13.

chen worden waren? Wir geben zu bedenken, ob ein Componist, der den Herrn als einen Gott in menschlichem Leibe wollte sprechen lassen, jemals auf den Gedanken gekommen wäre, ihn seine göttliche Natur u. A. auch daraus beweisen zu lassen, daß im Pf. 82 ja auch ausnahmsweise einmal Menschen der Name „Götter" gegeben wurde (Joh. 10, 34—36)? Wir legen besonders Nachdruck auf so viele zwischengeschobene Bemerkungen und Abschweifungen unseres Verfassers, die bald zur Erklärung, bald zur Bestätigung eines Wortes des Herrn in seinem Berichte eingestreut sind, und fragen, wozu hätte er es für nöthig erachtet, jemals oder irgendwo diese Unterscheidung zwischen seiner eignen Meinung und dem Worte des Herrn zu machen, wenn er sich nicht bewußt gewesen wäre, ein wahrhaft getreues Referat dieses letztern zu geben? Um kurz zu sein, lenken wir Ihre Aufmerksamkeit auf so viele, scheinbar unbedeutende Einschiebsel, die jetzt als unbestreitbare Spuren von Autopsie, verhältnißmäßig große Bedeutung gewinnen, die aber, wenn man hier an kunstreiche Composition denken muß, durchaus zwecklos und unbegreiflich sind. Zur Probe nehmen Sie einmal die Erzählung des letzten Abends vor. Dort wird die Mittheilung der Reden Jesu erst unterbrochen durch die Bemerkung: „es war Nacht" (10, 30) dann durch die psychologisch so erklärlichen Fragen, wie die von Thomas, von Philippus, von Judas, nicht dem Ischarioth (14, 5. 18. 22); weiter durch ein eignes Wort des Meisters: „stehet auf, lasset uns von hinnen gehen", worauf jedoch, wie aus dem unmittelbar Folgenden erhellt, der Aufbruch noch nicht sofort erfolgt, sondern erst noch das Zwischengespräch der Jünger eintritt — man glaubt dabei zu sein — was doch das geheimnißvolle Wort: „über ein Kleines" wohl bedeuten möge, (16, 16) und zuletzt, als ihnen nun Alles, wie sie meinen, mit einem Male deutlich wird, durch den Ausdruck ihrer Ueberraschung: „Siehe, nun redest du frei heraus, und sagst kein Sprüchwort." Verehrte Versammlung! Ich möchte wohl einen unbefangenen Schiedsrichter, der nie von diesem Streite gehört hat, einmal fragen: „Kannst du's nicht mit Händen greifen, kannst du's nicht schmecken und fühlen, daß hier Wahrheit ist und Leben, Leben, wie es nur durchlebt, nicht nachgebildet werden kann"? In der That, mit Fug und Recht dürfen wir mit Hase — in Jedermanns Augen ein theologisches Genie, bis auf jenen verhängnißvollen Tag, da er durch die Vertheidigung des Johannes bei Einigen seinen wissenschaftlichen Ruf verlor — voll kühner Zuversicht behaupten:

„Gerade die stärksten Beweise gegen das vierte Evangelium schlagen in meinen Augen um in Beweise für seinen apostolischen Ursprung."\*)

Wollen wir etwa nach allem diesem behaupten, daß die Reden des Herrn, wie sie uns von den Synoptikern mitgetheilt werden, nach Form oder Inhalt von denen bei Johannes überhaupt nicht verschieden seien? Wir müßten unsrerseits die helle Sonne nicht sehen, wenn wir dies einen Augenblick im Ernst aufrecht erhalten wollten. Nein, auch wir verkennen es nicht; der synoptische und der johanneische Christus sprechen keineswegs bis zum letzten Jota dasselbe. Es besteht ein Unterschied, gleichwie zwischen der Ansicht einer Weltstadt, je nachdem man sie von der See- oder Landseite betrachtet: die Verschiedenheit springt in die Augen, aber die hervorstehenden Thurmspitzen beweisen, daß wir dieselbe Weltstadt vor uns sehen, und für den geschärften Blick thun sich immer neue Punkte auf, an denen die Uebereinstimmung hervortritt. Oder, wenn Sie lieber wollen, es besteht ein Unterschied, wie zwischen einer Landschaft, die das eine Mal von einem günstig gelegenen Punkte in der Ebene, das andere Mal aus der Vogelperspective beschaut wird; wie zwischen dem Sternenhimmel, der auf der nördlichen und südlichen Erdhälfte bewundert wird, und wohl andere Sterngruppen, aber keine anders geartete Herrlichkeit aufweist. Verschiedenheit liegt wirklich vor, aber sie ist die natürliche Folge dessen, was ein Apostel des Herrn irgendwo den „unausforschlichen Reichthum Christi" nennt. Derselbe Reichthum, dem wir es zu verdanken haben, daß wir neben das synoptische und johanneische als drittes auch ein paulinisches Christusbild stellen können, und der verursacht, daß der Herr sich noch öfters, wie jenen zweien, da sie aufs Feld gingen, „in einer andern Gestalt" offenbart (Marcus 16, 12), derselbe Reichthum drückt sich auch aus in der großen Verschiedenheit seiner Worte und Reden nach den verschiedenen Berichterstattern. Er macht es begreiflich daß die Berichterstatter dasselbe Bild nach sehr verschiedenen Seiten zeichnen konnten, ohne mit sich oder mit der Wahrheit in Widerspruch zu gerathen; aber er macht es zugleich ganz und gar undenkbar, daß solch ein Christus, wie der der Evangelien, wie speciell der des Johannes eine Fiction von Menschen, die doch so tief unter dem Object ihrer Verehrung stehen, gewesen sein könnte!

---

\*) Siehe: Apologetisches gegen Strauß in Krauses protestantische Kirchenzeitung 1865, 3, Vergleiche auch sein Sendschreiben an Baur: die Tübinger Schule, Leipzig 1855.

Doch kommen wir auf das johanneische Christusbild, als ein Ganzes betrachtet, später noch näher zu sprechen.

2. Vorläufig bleiben wir noch bei Einzelheiten stehen und gehen über zur Beantwortung der Frage, ob die geschichtliche Darstellung des vierten Evangeliums mehr als der Lehrbegriff uns zwingt, das Urtheil zu fällen: Unächt und unglaubwürdig! Die geschichtliche Darstellung; jeder hat in unserer Zeit von dem Conflict zwischen dem synoptischen und dem johanneischen Berichte über Leben, Thaten und Schicksale des Herrn sprechen hören. Es fragt sich hier, ob dieser Conflict wirklich so groß ist, daß nicht einmal an einen Compromiß, geschweige denn an dauernden Frieden zu denken wäre.

Der erste Punkt, in dem die Meinungen auseinandergehen: „Jesu Lebensanfang," sagt man, „ist rein menschlich; er ist das Kind einer irdischen Mutter; nach zwei Berichten ist er zwar auf wunderbare Weise empfangen, aber es ergibt sich daraus weiter nicht, daß er schon vor seiner Erscheinung auf Erden ein Dasein gehabt hat. Der johanneische Christus dagegen" — ist möglicherweise nicht geboren, hat vielleicht keine menschliche Mutter, keine leiblichen Brüder gehabt? Aber das gerade Gegentheil ergibt sich aus diesem Evangelium, und so liegt denn der Unterschied einfach darin, daß Matthäus und Lucas mit der irdischen, Johannes dagegen mit der himmlischen Abkunft des Herrn beginnt, so daß hier die goldene Linie von Oben nach Unten, dort umgekehrt, von Unten nach Oben läuft. Dieser Unterschied kann nur in den Augen dessen als Widerspruch erscheinen, der schon im Voraus verkennt, daß unser Herr auch noch einen andern als bloß irdischen Ursprung hatte, mit anderen Worten, der stillschweigend als ausgemacht annimmt, was erst noch bewiesen werden muß. Wer dagegen eine unparteiische Vergleichung anstellt, wird entdecken, daß die eine Darstellung die andere postulirt, und in so fern beide in befriedigender Weise einander ergänzen. Die wunderbare Empfängniß und Geburt des Heilandes — ich muß hier voraussetzen, daß diese bei den Vertretern der synoptischen Erzählung Glauben findet — läßt schon a priori vermuthen, daß der, der auf solch außerordentliche Weise seines Lebens Anfang nahm, zu einer höheren als bloß irdischen Ordnung der Dinge gehörte, und diese Vermuthung gewinnt durch die johanneische Darstellung Klarheit und Sicherheit. Andererseits macht es diese schon an und für sich wahrscheinlich, daß, wenn Gottes Sohn im Fleische erscheint, dies auf außerordentliche Weise geschehen wird, und wirklich ergibt sich aus Matthäus und Lucas, daß dies thatsächlich geschehen ist.

Schweigt Johannes von diesem Wunder, so kommt das einfach daher, weil er eine ganz andere Gedankenreihe verfolgt. Dies paßt eben in seine Disposition nicht; jedoch vernimmt ein schärfer horchendes Ohr eine indirecte Anspielung fast unverkennbar in der eigenthümlichen Weise, wie er die geistliche Geburt der Kinder Gottes mit Ausschließung jeder fleischlichen Herkunft beschreibt.\*) Daß bei ihm Philippus den Herrn „Joseph's Sohn von Nazareth" nennt (Joh. 1, 45), beweist für seine eigene Ansicht nichts. Er zeigt sogar deutlich genug, daß er nicht der Ansicht ist, Jesus stamme aus Galiläa her, wie aus der bemerkenswerthen Stelle hervorgeht: „Jesus zog in Galiläa, denn er selbst, Jesus, zeugte, daß ein Prophet daheim (hier also nicht in Galiläa, sondern in Judäa) nichts gilt" (Joh. 4, 43. 44).\*\*) Indirect bestätigt er also den synoptischen Bericht, dem er in keinem einzigen Punkte widerspricht. —

Keine größere Schwierigkeit verursacht ein zweiter Differenzpunkt, der die Dauer und den Schauplatz der öffentlichen Wirksamkeit Jesu betrifft. Die Dauer wird von den Synoptikern nicht im Mindesten bestimmt; ergibt sich nun aus Johannes, daß sie sich über ungefähr drei aufeinderfolgende Jahre erstreckt hat, so sagt er uns nicht etwas, was alle Uebrigen leugneten, sondern lediglich etwas, worüber jeder Andere schweigt, und man sieht also klar, daß der Eindruck, den man auf der anderen Seite zu empfangen behauptet, als ob diese öffentliche Wirksamkeit nur ein Jahr und einige Monate gedauert habe, nicht richtig ist, wie dies wohl öfter auch mit anderen Eindrücken der Fall ist. Was den Schauplatz der Wirksamkeit Jesu betrifft, so ist es wahr, daß die drei ersten Evangelien fast ausschließlich Galiläa erwähnen, während Johannes uns vorzugsweise nach Judäa führt; indessen erzählt er doch auch, wie der Herr zur Zeit des zweiten Passahfestes während seiner öffentlichen Wirksamkeit zu Kapernaum auftrat, während wir andererseits aus den Synoptikern folgern müssen, daß er mehrmals in Judäa und Jerusalem gewesen sei, bevor er dorthin gezogen, um das letzte Passahfest zu feiern. Schon jener Ausspruch bei Matthäus (Kap. 23, 37) „Jerusalem, Jerusalem, wie oft habe ich deine Kinder versammeln wollen," spricht hier überzeugend genug, man müßte denn (mit Baur) daran festhalten, daß hier keine persönliche Wirksamkeit

---
\*) Joh. 1, 13: welche nicht von dem Geblüt, noch von dem Willen des Fleisches, noch von dem Willen eines Mannes, sondern von Gott geboren sind. —
\*\*) Vrgl. unser „Leven van Jezus" II. Th. S. 102. ff.

Jesu unter den Bewohnern der Hauptstadt gemeint sei. Oder (mit Strauß), daß wir hier nicht eigene Worte Jesu hätten. Aber ist demnach den Synoptikern zufolge der Herr bloß beim letzten Passahfeste in der Hauptstadt gewesen, nun denn, wer will mir's erklären, daß viele Bewohner von Judäa und Jerusalem schon zu Anfang ihm zuströmten (Mt. 4, 25); daß er als ein bekannter Gast das Haus der Maria und Martha betrat (Luc. 10, 38—42); daß er in Joseph von Arimathia einen Jünger fand, der sein eigenes Grab in Jerusalem hatte und sonach höchstwahrscheinlich dort wohnte (Luc. 23, 50—53); daß er dort und in der Umgegend Freunde hatte, für die ein Wort völlig genügte, um ihm ein Füllen zum Einzug, einen Saal zur Feier des Passahmahles zur freien Verfügung zu stellen (Mt. 21, 3; 26, 18)? Alle diese Züge, lediglich aus den drei ersten Evangelien zusammengestellt, beweisen, daß der Herr kurz vor seinem Tode nicht zum ersten Mal nach Jerusalem kam, und bestätigen also die johanneische Darstellung zwar indirect, aber gerade darum desto stärker. Wer tiefer darüber nachdenkt, dem fällt es überdies von selbst in die Augen, daß, wenn der Herr schon zu Anfang seiner Wirksamkeit sich als den Messias Israels kannte, das Auftreten in Jerusalem nicht das Ende, sondern der erste Anfang seiner Wirksamkeit sein mußte, gerade wie uns Johannes dieses erzählt. Und wer auch nur im Geringsten ein Auge hat für die erhabene Symbolik seiner Thaten, der wird es mit uns gewiß höchst passend finden, daß er seine öffentliche Wirksamkeit mit einer Reinigung des entheiligten Tempels sowohl beginnt als beschließt. Und so existirt auch auf diesem Punkte der Widerspruch bloß in der Einbildung.

Was drittens das Verhalten des Herrn Freunden und Feinden gegenüber betrifft, auch hier ist kein schneidender Widerspruch. Die Berufung der ersten Apostel, sagt man, wird von den Synoptikern in ganz anderer Weise, als von Johannes dargestellt. Aber was hindert uns anzunehmen, daß letzterer, der in seinem Evangelium (in gewissem Sinne die Genesis des N. T.) soweit als möglich auf die ersten Anfänge zurückgeht, in seinem ersten Kapitel die erste Begegnung des Herrn mit Fünfen beschreibt, die für's Erste ihm vorläufig folgen, jedoch erst später nach allen Synoptikern zu eigentlichen Aposteln berufen werden? Die Charaktere der Hauptpersonen wenigstens sind nach den beiderseitigen Darstellungen dieselben. Nehmen Sie z. B. Petrus und Maria nach Johannes und nach den Synoptikern, von beiden bekommen Sie denselben, bald günstigen, bald weniger günstigen Eindruck. Die Familie zu Bethanien, wie wir sie aus Johannes 11 kennen lernen, entspricht, wenigstens was den Charakter der beiden Schwestern betrifft, durchaus dem kleinen, aber meisterhaften Bilde, welches Lucas am Ende seines 10ten Kapitels entworfen hat, ohne auch nur den Namen des Wohnorts zu nennen. Einige Male freilich sehen wir bei Johannes auch neue Personen handelnd auftreten, z. B. Nathanael und Nicodemus, aber soll man ihn darum mit Argwohn ansehen und mit schrankenloser Willkühr behaupten, daß wir es hier nicht mit historischen Figuren, sondern mit fingirten Typen einer oder der anderen Richtung zu thun haben? Dann schlage ich vor, daß Jeder, der Geschichte schreibt, fortan gebeten wird, keinen einzigen neuen Namen in seiner Erzählung zu nennen, will er anders seinen Credit nicht unbedachtsam preisgeben. Nicodemus z. B. sieht wahrlich gar nicht barnach aus, als wäre er eine mythische Nebelgestalt; in allen drei Fällen, wo wir ihn auftreten sehen, spricht und handelt er so, daß allein ein Kriticus von gewissem Gepräge, aber kein Psychologe seine factische Existenz leugnen wird. Wir sehen ihn nicht bloß kommen, sondern entstehen, wachsen, heranreifen zum Schüler des Herrn, mit einer psychologischen Wahrheit gezeichnet, die nur der getreue Ausdruck der historischen Wirklichkeit sein kann. Er ist ein Typus, gewiß! ein Typus von vielen, jener und späterer Zeit; — aber darum keine historische Person? Gerade als ob das Eine das Andere ausschlösse; als ob Johannes keine historische Person hätte beschreiben können, die zugleich auch ein Typus heißen konnte. Schon wieder dieselbe willkürliche Entgegensetzung von Idee und Wirklichkeit, von religiöser und historischer Wahrheit, die seit Lessing's Tagen eine Quelle von so vielen Mißverständnissen und Miseren auch für die holländische Theologie geworden ist. —

Eben so wenig kann es Bedenken verursachen, daß nach Johannes die Juden schon ziemlich früh voller Mordgedanken sind gegen Jesum, während dergleichen Pläne nach den drei ersten Evangelien erst später bestimmt zu Tage treten. Schweigen diese letztern von dem früheren Aufenthalt des Herrn zu Jerusalem, nun, dann hatten sie auch keine Ursache, die zunehmende Spannung der streitenden Parteien zu schildern. Was sie uns von dem früheren Verhalten der vornehmen Juden gegen Jesum erzählen, gibt fürwahr keinen Grund anzunehmen, daß Johannes dieselben zu schwarz gemalt habe. Im Gegentheil wird das achtfache Wehe, das nach Matthäus über diese übertünchten Gräber losbricht, doppelt begreiflich, wenn alles das wahr ist, was uns Johannes von ihrer steigenden Feindschaft gegen den Meister erzählt. Ein Auge, wie das seine, sieht scharf auch auf den keimenden Haß, und die furchtbare Feindschaft am Ende, wie sie die Synoptiker schildern, konnte nach Art der Sache nur das Auflodern eines Feuers sein, das, lange unter der Asche glimmend, nach und nach angefacht worden war. Man thut Johannes entschieden Unrecht, wenn man behauptet, er idealisire Samariter und Heiden und erhebe sie auf Kosten der Juden. Auch in den synoptischen Evangelien kommt, der bitteren Feindschaft der Juden gegenüber, die bessere Seite der Samariter zum Vorschein (Luc. 10, 33; 17, 16). Pilatus ist nach allen vier Evangelien gleich schwach und charakterlos. Sagt Jesus (allein bei Johannes) daß die Juden „es größere Sünde hätten", als Pilatus (Joh. 19, 11), so ist diese Entschuldigung doch auch Warnung und indirecte Beschuldigung zugleich. Und wäre es unserem Evangelisten wirklich um das Erheben der Heiden über die Juden zu thun gewesen, hätte er dann so ganz und gar von dem Hauptmann am Kreuze schweigen dürfen?

Für bedenklich hat man es viertens gehalten, daß Johannes schweige über so manche Einzelheiten aus des Herrn Leben und Wirken, welche in den drei ersten Evangelien deutlich in den Vordergrund treten. Ueber die Ursachen dieser Erscheinung erst später, wo Composition und Zweck seiner Schrift besprochen werden. Inzwischen wollen wir hier schon daran erinnern, daß man nicht behutsam genug sein kann mit Consequenzen, die man nicht aus Jemandes Worten, sondern aus seinem Schweigen zieht. Johannes spricht z. B. nirgends von der Heilung Besessener, eben so wenig freilich auch von der Heilung Aussätziger und Mondsüchtiger. Aber hat man darum das Recht zu behaupten, er schweige davon aus dogmatischen Gründen? Kann man nicht eben so gut vermuthen, daß derartige Krankheiten mehr in Galiläa als in Jerusalem vorkamen, und war denn ein Evangelist, der überhaupt nur sechs Wunder mittheilt, dazu verpflichtet, von jeder Gattung wenigstens eins zu erzählen? Johannes schweigt auch über die Einsetzung der hl. Taufe und des hl. Abendmahls, aber die Idee, welche das eigentliche Wesen und den Kern beider symbolischen Feierlichkeiten ausmacht, nämlich die Geburt aus Wasser und Geist und die Lebensgemeinschaft mit dem Herrn, symbolisch dargestellt im Essen und Trinken, diese werden in seinem Evangelium gefunden (Joh. 3, 5; 6, 51). Man muß dies Evangelium gewiß mit sehr sonderbaren Augen gelesen haben, um aus diesem Schweigen den Schluß zu ziehen, der Verfasser habe, im Widerspruch mit der ganzen christlichen Kirche seiner Zeit, das Bestehen beider Feierlichkeiten, oder ihr Recht zu bestehen geleugnet, ja wer weiß, vielleicht sogar bestritten. Es tritt doch wohl deutlich zu Tage, daß es zu seiner Eigenthümlichkeit gehört, die Herrlichkeit des fleischgewordenen Wortes nicht in einzelnen hervorragenden Momenten, wie z. B. dem Taufwunder oder der Verklärung auf dem Berge Tabor, erscheinen zu lassen, sondern sie vielmehr in ihrer fortlaufenden geistigen Offenbarung gegenüber der Finsterniß der Welt zu beschreiben. Mich dünkt, sein Schweigen über mehr als ein Wunder, das der Kritik soviel Aergerniß bereitet, müßte, weit davon entfernt gegen ihn zu sprechen, ihm vielmehr in ihren Augen zu nicht geringer Empfehlung dienen. Wie wenig übrigens ein solches Schweigen Recht dazu gibt, auf das Nichtwissen und von diesem wiederum auf das Nichtgeschehensein einer Sache zu schließen, das ergibt sich ungesucht aus der Wahrnehmung, daß unser Evangelist, der von dem Seelenkampfe in Gethsemane schweigt, dennoch sowohl jenes Wort des Herrn: „jetzt ist meine Seele betrübt" (Joh. 12, 27) als auch das andere: „soll ich den Kelch nicht trinken, den mir mein Vater gegeben hat?" (Joh. 18, 11) verewigt hat; und durch diese doppelte Angabe zeigt, daß auch sein Christus klagen und beten kann, wie der der drei ersten Evangelien. In der ganzen Geschichte des Leidens und Sterbens des Herrn lassen sich fürwahr die Worte und Charakterzüge, die von beiden Seiten vermeldet werden, so ungezwungen vereinigen, daß ein harmonisches Bild vor unseren Augen entsteht. Daß auch Johannes eine leibliche Auferstehung Christi beschreibt, kann derjenige unmöglich verkennen, der unparteiisch dessen Erzählung des Besuchs der beiden Jünger am Grabe, und der Erscheinung, die dem Thomas zu Theil wurde, gelesen hat. Berichtet er, daß der Herr auf einmal in ihrer Mitte stand, während die Thüren verschlossen waren, so beweist dies einzig und allein, daß der Auferstandene in einem verklärten Leibe erschien, keineswegs, daß der Erzähler die Leiblichkeit seines erneuten Lebens oder seiner Erscheinung leugnet. Und spricht er auch endlich nicht von dem Wunder der Himmelfahrt, so hat er dieses Stillschweigen mit Matthäus gemein. Er zeigt nichtsdestoweniger deutlich genug, wie auch er sich die Erhöhung des Herrn als einen sichtbaren Vorgang denkt.

Und so kommen wir denn endlich zu der Besonderheit, die, wie man in letzter Zeit glaubte, schwerer als alle anderen in die Wagschaale falle, so oft die Aechtheit des Evangeliums zur Sprache kam, nämlich die Differenz zwischen ihm und den Synoptikern bezüglich des Todestags Jesu. „Nach den drei ersten Evangelien", sagt man, „hat der Herr das Passahmahl zur gewöhnlichen Zeit, am Abend des 14. Nisan gegessen und ist also am 15. den Kreuzestod gestorben. Nach Johannes dagegen müssen die Juden am Abend des Todestages noch das Passah essen, und ist demnach erst der folgende Tag der eigentliche erste Festtag gewesen. Dies ist nun ein Punkt, worin das Zeugniß des Einen dem des Andern schnurstracks zuwiderläuft; allen äußern und innern Gründen zufolge haben die Synoptiker Recht, und der Verfasser des vierten Evangeliums hat unverkennbar zu einem besondern Zwecke die Sache anders dargestellt, als sie sich ursprünglich zutrug." Ueber den besondern Zweck späterhin mehr; jetzt nur ein Wort über die Erscheinung selbst, so kurz und klar als nur möglich. Sie gehört zu den Fragen auf dem Gebiete der historischen Kritik, über welche die Wissenschaft das letzte Wort noch nicht gesprochen hat. Hören Sie meine Ansicht darüber, die sie sonstwo ausführlicher entwickelt finden können. Noch immer glauben wir, daß auch dieser Streit beigelegt werden kann und muß. Wir würden solch eine Verschiedenheit sogar dann für unmöglich erachten, wenn wir von der historischen Zuverlässigkeit der Evangelisten, oder von ihrer genauen Bekanntschaft mit der Geschichte des Herrn, auch viel geringer denken müßten, als wir berechtigt zu sein glauben. Nach allen vier Evangelien, meinen wir, ist der Herr am 15. Nisan gestorben, nachdem er am vorhergehenden Abend zur gesetzlichen Zeit mit seinen Jüngern das Osterlamm gegessen hatte. Scheint Johannes dem zu widersprechen, wenn er (Kap. 18, 28) erzählt: „die Juden gingen nicht in das Richthaus, auf daß sie nicht unrein würden, sondern Ostern essen möchten", so braucht man diesen letzteren Ausdruck nicht nothwendig von dem Passah-Lamm, sondern von dem Passah-Opfermahl, das schon an demselben Mittag begann, zu verstehen, und sagt er, daß der Herr an dem „Rüsttag in Ostern" (Kap. 19, 14) gekreuzigt worden ist, so haben wir eben an den Rüsttag vor dem Passahsabbath zu denken, welcher Rüsttag zugleich der erste Passahtag selbst gewesen ist. Einige exegetische Schwierigkeiten bei dieser Auffassung sind uns nicht unbekannt, aber sie sind viel geringer als diejenigen, in die man geräth, wenn man einer anderen Auffassungsweise huldigt. Ist das Streben nach Harmonie, wie man behauptet, in diesem Falle nichts Anderes als unwissenschaftliche Pfuscherei, — in Gemeinschaft mit Männern wie Wieseler, Tholuck, Hengstenberg können wir uns diesen Vorwurf mit einiger Ruhe gefallen lassen.\*)

---

\*) Vergl. unser „Leven van Jezus", III. Th. p. 4—18 und die daselbst angeführte Litteratur, ferner einen Artikel: Pascha, christliches und Pascha-Streitigkeiten von G. E. Steitz in Herzogs Real-Encyclop. Th. XI. S. 149 und ff. und eine Abhandl. von L. Paul in den Theol. Stud. und Kritik. 1866, II. S. 362. und ff.

Aber nun für einen Augenblick angenommen, es liege hier ein unversöhnlicher Widerspruch vor, dann, behaupten wir, liegt das Recht jedenfalls auf Seiten des Johannes, und man muß annehmen, daß die Synoptiker in diesem Punkte einer weniger zuverläßigen Ueberlieferung folgten, die von ihm berichtigt wird. Jesus soll also nicht am ersten Passahtag, sondern auf den Rüsttag des Passah gekreuzigt worden sein, auf einen Werktag also, wie auch aus einigen Zeugen der synoptischen Darstellung hervorzugehen scheint. Man denke nur an Simon, der vom Felde kommt, an das Kaufen und Bereiten der Spezereien durch die Frauen, und andere Einzelheiten. Wirklich haben noch vor wenigen Jahren Männer wie Réville und Colani auf diese und andere Gründe hin die Superiorität des Johannes anerkannt, da der Wind, der von Tübingen her wehte, noch nicht die Segel ihres Schiffes schwellte; und ein bewährter Gelehrter wie Bleek hat der Richtigkeit dieser Ansicht das Wort geredet. So wird nun gerade das Bedenken gegen in ein Argument für das vierte Evangelium verwandelt, ja zu einer Bürgschaft seiner Aechtheit umgeschaffen, deren hohe Bedeutung jedem Unparteiischen von selbst einleuchtet. Wie hoch über jenen stehend, wie überzeugt von seiner Sache, wie unabhängig muß sich ein Verfasser gefühlt haben, der (in dem hier angenommenen Falle) auf einem so wichtigen Punkte die weniger richtige Angabe seiner Vorgänger verbessert und ergänzt! Es ist klar, das kann keine obscure Person, kein diplomatischer Parteimann, das kann nur ein Apostel, und (wir können es nach all dem Gesagten wohl mit Freimüthigkeit hinzufügen) das kann niemand anders als nur der Apostel Johannes gethan haben!

Keinesfalls hat man demnach Grund, eine Waffe gegen die Aechtheit des vierten Evangeliums zu schmieden aus dem Streit, der in der christlichen Kirche des zweiten Jahrhunderts über die richtige Zeit der Passahfeier geführt wurde. Die uns zugemessene kurze Zeit erlaubt es ebensowenig die Geschichte dieses Streites zu erzählen, als der modernen Kritik nachzugehen auf allen ihren Schlangenwindungen, in die sie allmälig gerathen ist, um mit Gelehrsamkeit und unverkennbarem Scharfsinn diesen Passahstreit zu einer furchtbaren „machine de guerre" gegen das vierte Evangelium zu machen. Man behauptet nämlich, es sei geschrieben zur Bestreitung der sogen. Quartodecimaner, einer beschränkt judaistischen Partei der kleinasiatischen Christen, die wie die Juden das Passah noch immerfort auf den 14. Nisan feierten, und für diesen Brauch auf Johannes und seine Mitapostel sich beriefen. Lassen wir für einen Augenblick außer Betracht, ob für diesen ihm untergeschobenen Zweck ein ganzes Evangelium wie das unsere zweckmäßig und nöthig gewesen wäre, indem jedenfalls eine einfache Darstellung des letzten Abends und Tages von Jesu Leben in seinen hervorragendsten Momenten vollkommen genügen konnte, der Anforderung dieser Polemik zu entsprechen. Allein wer sieht überdies nicht ein, wie sogar der Grund zu einer solchen Vermuthung hinfällt, wenn es wahr ist, daß der Herr auch nach dem vierten Evangelium nicht auf den 14., sondern auf den 15. Nisan gekreuzigt wurde? Feierte Johannes mit den kleinasiatischen Christen das Passahfest auf den 14. Nisan, so that er es höchstwahrscheinlich nicht zum Gedächtniß an den eigentlichen Augenblick des Todes Jesu, sondern zum Gedächtniß an das israelitische Passah, welches, da gerade jetzt das wahre Passahlamm geschlachtet war, für sein Herz um so höheren Werth bekommen mußte, weil sich damit fast von selbst die Erinnerung an die unvergeßliche Abendmahlseinsetzung und den großen Vorgang, der darin abgebildet war, verband. Dies stimmt vollkommen mit dem Charakter eines Apostels der Beschneidung, den er mit Kephas und Jacobus gemein hatte, und mit der beziehungsweise großen Hochachtung für die jüdischen Gebräuche, welche schon die erste christliche Synode zu Jerusalem an den Tag gelegt hatte. So stimmt das Benehmen des Johannes mit seinem Evangelium und dieses wiederum mit den drei übrigen überein. Wie sollte es auch möglich sein, daß die Evangelisten einander in's Angesicht widersprächen auf einem Punkte, der (nothwendig!) so früh und allgemein bekannt war, wie der eigentliche Todestag des Herrn?

So viel, oder lieber, so wenig hatten wir zu sagen über einen Punkt, worüber ganze Bände voll geschrieben wurden mit den abweichendsten Antworten, wobei es schließlich sich darum handelt, nicht welche Ansicht durchaus keine, sondern welche die relativ geringste Schwierigkeit übrig läßt. Nur noch eine Bemerkung bezüglich dieser ganzen Verschiedenheit in der Angabe des Todestages unseres Herrn und des damit zusammenhängenden Passahstreites der alten Kirche. Gesetzt einmal — doch damit durchaus noch nicht zugegeben — man könne es in dieser Sache zu einer vollkommenen Evidenz nicht mehr bringen, und die Schwierigkeit bliebe derhalben vorläufig in voller Kraft bestehen, so entsteht jetzt die sehr ernstliche Frage, ob dieses eine Bedenken schwerer wiegen darf, als die vielen und entscheidenden Gründe, die für die Aechtheit dieser apostolischen Urkunde sprechen. Und über diese Frage kann meines

Bedünkens ein wahrhaft Unparteiischer keinen Augenblick in Ungewißheit schweben. Wohlan, lassen wir einmal die Aechtheit des Johannes als eine bloße Hypothese gelten, die für den Augenblick der Hypothese einer spätern Abfassung gegenübersteht: soviel steht doch fest, für erstgenannte Hypothese spricht nahezu Alles; gegen sie jedoch, es erhellt jetzt, eine einzige Erscheinung, bei welcher vorläufig ein ungelöstes Fragezeichen steht. Sagen Sie mir, kann nun dieses eine Fragezeichen alle Argumente entkräften? Sollte nicht vielleicht eine Aufklärung über den einen noch dunkeln Punkt in dieser räthselhaften Sache vollkommen genügen, um diesen, sei es nun wirklichen, sei es scheinbaren Streit aufzulösen zur schönsten Harmonie? Darf nicht auch hier, wie in so vielen ähnlichen Fällen, unsere Antwort sein: „Ich weiß zwar keine Auflösung, die mich vollkommen befriedigte, aber ich glaube zuversichtlich, es gibt eine, die man später finden wird?" Ob man nun zu dieser Auflösung auf dem rechten Wege ist, wenn man unser Evangelium bei dem Lichte der modernen Kritik betrachtet, muß ich für mein Theil auf's stärkste bezweifeln. Indeß, wie es sich damit auch verhalte, keinesfalls können wir aus jener räthselhaften Erscheinung einen Beweis gegen den johanneischen Ursprung des vierten Evangeliums entlehnen, aus dem einfachen Grunde, weil diese Schrift im zweiten Jahrhundert und später von keinem einzigen Anhänger dieser engherzig beschränkten Richtung zurückgewiesen wurde, zu deren directer Bestreitung, wie man gegenwärtig behauptet, dieselbe eigens geschrieben sein soll. Wie ließe sich dies erklären, wenn man nicht Grund gehabt hätte, nolens volens von ihrem apostolischen Ursprung überzeugt zu sein? Oder hat man vielleicht im 2. Jahrhundert durchaus nichts gemerkt von dieser stark polemischen Tendenz unseres Evangeliums, welche augenblicklich unter den neuen Entdeckungen des 19. Jahrhunderts einen so glänzenden Ehrenplatz einnimmt? Und wo nicht, sollte vielleicht diese ganze polemische Tendenz nicht auch lediglich gehören in das Gebiet — der Phantasie und der Hyperkritik?

---

Das Gesagte zusammenfassend bekennen wir sogar ohne Erröthen: Wir haben das beneidenswerthe Vorrecht, von all dem breitgetretenen „schreienden Widerspruch" äußerst wenig zu verspüren. Wir haben gesehen, daß mit Ausnahme dieses einzigen noch räthselhaften Punktes, die

Verschiedenheit zwischen den historischen Berichten des vierten Evangeliums und denen der drei andern eben so wenig unvereinbar ist, als die Verschiedenheit der Lehrweise Jesu, wie sie uns von beiden Seiten aufbewahrt wurde. So löst sich zum Wenigsten der größte Theil der aufgeworfenen Schwierigkeiten in lauter Scheinstreitigkeiten, und Scheinstreitigkeiten sind — ein trefflicher Theologe hat es nicht ohne Grund bemerkt — bloß „Stäubchen auf dem Königsmantel Christi." Keinesfalls sind diejenigen, welche wir kennen lernten, als Flecken in der Krone unseres Evangelisten zu beklagen, und auf die Frage, was denn nun aus der besprochenen Verschiedenheit bezüglich der Authentie des Johannes-Evangeliums mit Recht gefolgert werden könne, fassen wir unsere Antwort in zwei Worten zusammen: Jene Verschiedenheit beweist nichts gegen die Aechtheit; spricht, wohl betrachtet, im Gegentheil dafür.

Sie beweist nichts gegen die Aechtheit, weil sie aus der Anlage und dem Zweck des vierten Evangeliums sich befriedigend erklären läßt. Welches der Zweck ist, den der Verfasser im Auge hat, hat er selbst deutlich ausgesprochen (Kap. 20, 31) „diese (Dinge) aber sind geschrieben, daß ihr glaubet, Jesus sei der Christ, der Sohn Gottes, und daß ihr durch den Glauben das Leben habet in seinem Namen." Nicht kleinliches Parteiinteresse also trieb ihn nach seinem eignen Zeugnisse zum Schreiben an; sein Ideal war ein unendlich höheres. Die Wahrheit will er zur Glaubensstärkung der Christen in ihrem vollen Glanze an's Licht stellen, nicht polemisch, sondern thetisch, wiewohl auch (dies dürfen wir ruhig hinzusetzen) indirect apologetisch dem Irrthum gegenüber, welchen er bereits in seinen Tagen von verschiedenen Seiten einbringen sah. Doch war es nun hierzu erforderlich, die ganze Lebensgeschichte des Herrn ohne eine einzige Lücke zu beschreiben? — Aber er schrieb ja für Christen, die schon lange mit dem Hauptinhalte der apostolischen Ueberlieferung, wie sie in den synoptischen Evangelien aufgezeichnet ist, bekannt waren, und muß daher auch selbst mit ihrem Inhalte bekannt gewesen sein. Diesen Inhalt will er nun keineswegs widerlegen, sonder lediglich noch etwas Anderes hinzufügen. Er will die Vorstellung, die man bis dahin besaß, nicht (wie man ganz ohne Grund behauptet hat) durch eine andere ersetzen, sondern ergänzen, mit einem Worte, sein Ziel dadurch erreichen, daß er die wahre, wenn auch noch nicht umfassende Darstellung seiner Vorgänger mit Hülfe einer neuen Schrift vervollständigt.

Das hohe Gewicht der Sache erfordert es, daß wir dies noch etwas näher begründen. Schon a priori muß es Jedermann ziemlich unwahrscheinlich vorkommen, daß ein Apostel, der 25 oder 30 Jahre nach anderen Evangelisten ein Evangelium abfaßt, das Werk dieser Vorgänger ganz ignoriren oder widerlegen sollte, man müßte denn des Herrn erste Zeugen mit ächt Tübinger Augen als fanatische Parteigänger betrachten. Allein, der Inhalt des vierten Evangeliums ist überdies durchaus unbegreiflich, wenn der Verfasser den Inhalt der drei ersten nicht selbst kannte, bei Andern aber als bekannt voraussetzte. Er spricht von dem Täufer, ohne dessen Auftreten, von dem geschlossenen Kreise der Zwölfe, ohne ihrer Berufung, von Bethanien, als dem Wohnorte der Maria und Martha (Kap. 11, 2) ohne der beiden Schwestern vorher auch nur mit einem Worte zu gedenken. Während Matthäus die öffentliche Wirksamkeit des Herrn ungefähr gleichzeitig mit der Gefangennahme seines Vorläufers beginnen läßt, gibt unser Evangelist hingegen gleichsam im Vorbeigehen den merkwürdigen Bericht (3, 24): „Denn Johannes war noch nicht ins Gefängniß gelegt," und theilt aus der Geschichte der vorhergehenden Tage und Wochen Einzelheiten mit, von denen die Uebrigen schweigen. — Matthäus und Marcus berichten die Salbung zu Bethanien, Johannes erst vermeldet den Namen der Maria und läßt also die Prophetie des Herrn, wie sie bei den Anderen aufgezeichnet ist, in Erfüllung gehen, daß zu ihrem Gedächtniß in aller Welt soll gesprochen werden. Er erst macht uns bekannt mit dem Namen des Malchus, mit dem Vorfall bei Hannas, mit einer Anzahl Einzelheiten aus der Geschichte des Todes und der Auferstehung. Er ruft mit einem Worte Erinnerungen ins Leben zurück, die ohne seine schriftliche Hinterlassenschaft Gefahr liefen, für immer verloren zu gehen. Es ist deutlich: das vierte Evangelium ist nichts mehr und nichts weniger, als eine reiche Nachlese nach der Einheimsung der von den drei ersten Evangelisten gesammelten Berichte. — Oder sage ich zuviel? — Dasselbe berichtet uns auch die älteste kirchliche Tradition. Und wir haben keinen einzigen Grund derselben auf diesem so wichtigen Punkte zu mißtrauen. Schon das Fragment des Kanons bei Muratori, jene unschätzbare Urkunde des zweiten Jahrh. berichtet, Johannes habe auf die ausdrückliche Aufforderung seiner Mitjünger und Mitbischöfe hin geschrieben; der Kirchenvater Hieronymus erzählt etwas Aehnliches, und Clemens Alexander theilt ausdrücklich als „Ueberlieferung der ältesten Presbyter" mit, Johannes habe, als er gesehen, wie bereits das Aeußere, gleichsam Körperliche der Thatsachen aus dem Leben des Herrn von den Synoptikern aufgezeichnet sei, sich gedrungen gefühlt, ein geistliches Evangelium zu schreiben."*) In der That, es muß Verwunderung, wenn nicht Argwohn erwecken, wenn man in unseren Tagen bisweilen sehr scharfsinnige Auseinandersetzungen über den Ursprung und die Bestimmung, über den Plan und die Anlage des vierten Evangeliums liest, in welchen dergleichen Erklärungen von glaubwürdiger Seite einfach mit Stillschweigen übergangen werden, alsseien sie niemals gegeben. Man sollte doch wohl meinen, daß die Ueberlieferung aus dem 2ten Jahrh. gewiß eben so geeignet wäre, uns der Wahrheit auf die Spur zu bringen, als die kritische Conjectur des 19. Jahrh., welche sich auf keine einzige Autorität berufen kann. Nichts hindert uns anzunehmen, daß Johannes, mit voller Würdigung des bereits von Andern Gelieferten, sich gedrungen gefühlt habe, aus eignem Schatz dasjenige hinzuzufügen, was er nicht ohne Leidwesen vermißte, weil es gerade auf seinen Geist und auf sein Gemüth den tiefsten Eindruck gemacht hatte. Und that er das, warum sollten wir sein Zeugniß beargwöhnen, einen wie eigenthümlichen, ja höchst einzigen Charakter es auch trage?

Nicht als ob wir dem vierten Evangelium keinen höheren Charakter, als den eines Supplements zu den drei andern zuschrieben. Aus einem bloßen Conglomerate von allerlei Zusätzen hätte unmöglich eine harmonische Einheit wie diese entstehen können. Auch in unseren Augen ist das Evangelium Johannis ein Kunstwerk im erhabensten Sinne des Worts. Wie ein Stein, der ins Wasser geworfen wird, immer weitere Kreise schlägt; wie das Thema einer Composition in stets reicheren Variationen wiederkehrt, — nicht anders ist es mit dem Hauptgedanken, der hier ausgesprochen ist. Diesen Grundgedanken — so zu sagen den Text dieser ganzen Predigt-Schrift — glauben wir im ersten Kap. in dem Worte zu hören: „Das Licht scheint in der Finsterniß, und die Finsterniß haben es nicht begriffen." Nicht mit Unrecht nennt Jemand dies Evangelium „gleichsam eine Zeichnung des Sonnenaufgangs." Je höher sie steigt, um so mehr wallen die Nebel auf; je lecker dieselben ihr ins Angesicht schlagen, um so herrlicher strahlt uns stets die Pracht der Königin des Tages entgegen. Eine ausführliche Uebersicht der Anlage und des Planes der Schrift ist für den Zweck, welchen wir im

---

*) Vrgl. Osterzee „Leven van J." Neue Aufl. I. p. 144. und A u g u s t i n u s, Anfang seiner Tract. XXXVI auf das Joh.-Ev: Non sine causa de illo in ipso Evangelio narratur, quia in convivio super pectus Domini discumbebat. De illo ergo pectore in secreto bibebat; sed quod in secreto bibit, in manifesto eructavit."

Auge haben, nicht direct nöthig; genug, der Zweck des Evangelisten kann kein anderer sein, als Christus, das Licht und das Leben, in seinem sich steigernden Kampfe mit, und in seinem herrlichen Siege über die ungläubige Welt zu schildern. Dieser bestimmte Zweck, wir geben es bereitwilligst zu, übte denn auch auf die Wahl, Anordnung und Gruppirung, der Thatsachen unverkennbaren Einfluß aus. Dem Christusbilde seiner Vorgänger fügt Johannes mit Vorliebe solche Züge hinzu, welche am meisten dazu beitragen können, dieses Bild für die Augen seiner Leser in jenes erhabene Licht zu setzen. So ist es, um ein Beispiel zu nennen, gewiß nicht zufällig, wenn er, beginnend mit der Gottheit des Wortes, das eigentliche Evangelium gerade mit dem Bekenntniß des Thomas beschließt, welches wie ein Echo auf jenen Eingang klingt. Aber — und hierauf legen wir besondern Nachdruck — die absichtliche Darstellung von Personen und Thatsachen in einem besondern Lichte beweist an und für sich noch nichts gegen ihren streng historischen Charakter. Auch was bis zu einem gewissen Grade symmetrisch und antithetisch zusammengestellt ist, kann deßhalb doch sehr gut wahrhaft geschichtlich sein. Strauß nennt irgendwo den vierten Evangelisten den Corregio der hl. Geschichte; und im Hinblick auf die treffliche Mischung von Hell und Dunkel in seinem unerreichbaren Gemälde geben auch wir ihm gern diesen Namen. Allein der Geschichtsmaler, welcher seine Hauptfiguren in ein sehr bestimmtes Licht zu stellen weiß, andere hingegen in den dunkeln Hintergrund schiebt, hat uns doch darum in diesen Figuren selbst noch nicht Schöpfungen seiner eignen glühenden Phantasie gegeben.

Wir kommen zu unserm Ausgangspunkte zurück. Die Eigenthümlichkeit des vierten Evangeliums, erklärbar aus seiner Anlage und Bestimmung, beweist nichts gegen seinen apostolischen Ursprung. Wir müssen uns noch stärker ausdrücken: Wohlerwogen ist die Verschiedenheit zwischen Johannes und seinen Vorgängern eher noch ein Beweis mehr für die Aechtheit. Oder fühlen Sie es nicht? Jemand, der mit seinem Schreiben eigne Waare unter johanneischer Flagge hätte einschmuggeln wollen, würde ungezweifelt Sorge getragen haben, mit den drei ersten Evangelien so wenig als möglich, selbst nicht einmal scheinbar in Widerspruch zu gerathen. — Wer mit schlauem Vorbedacht sich den Schein und die Miene eines Apostels verleihen will, wird mit aller Sorgfalt zusehen, daß er wohl ein Echo, nicht aber eine Dissonanz zu den apostolischen Zeugnissen vernehmen lasse. Mag deßhalb die Verschiedenheit des Lehrbegriffs und der

Geschichtsdarstellung zwischen den drei ersten und dem vierten Evangelium noch so auffallend sein, sie bleibt gerade dann unerklärbar, wenn wir es hier mit einem anonymen Autor, — sie wird hingegen vollkommen begreiflich, wenn wir es mit einem Apostel zu thun haben, welcher selbständig neben, und in gewisser Hinsicht über achtungswerthen Vorgängern steht, deren Zeugniß er fortsetzt, ergänzt, vollendet.

Hier könnten wir endigen, aber einmal soweit auf unserer Vertheidigungslinie vorgerückt, können wir denn doch der Lust nicht widerstehen, auch einen kleinen Ausfall zu wagen, und die Frage zu beantworten: wofür man denn doch — um mit Renan zu reden — dieses „bizarre" Evangelium zu halten habe, sobald einmal ausgemacht ist, daß es nun und nimmer von Johannes sein könne? Die Antwort der modernen Kritik ist bekannt. Wir haben hier eine Tendenzschrift, d. h. eine Schrift, verfertigt mit der bestimmten Absicht, die Ideen einer bestimmten kirchlichen Partei in weiteren Kreisen zu verbreiten, und hierzu so gut als möglich eine romantisch gefärbte Geschichtsdarstellung zu benutzen. Der Autor ist durchaus kein Augenzeuge, sondern ein raffinirter Parteimann späterer Zeit gewesen; er fragte nicht, ob das, was er erzählte, wirklich geschehen, sondern ob es für sein Parteiinteresse von Vortheil sei. Speciell soll es sein Zweck gewesen sein, die Passahfeier einer judaistischen Partei des zweiten Jahrh. zu bestreiten und der Ansicht einer gewissen gnostischen, nach Einigen der marcionitischen, nach Andern der valentinianischen Schule auf eine gelinde Methode in der Kirche Eingang zu verschaffen. —

Ich bleibe bei diesen allgemeinen Bemerkungen stehen, ohne auf die Nüancen mich einzulassen; ich greife keine Personen, sondern Meinungen und Prinzipien an. Aber freimüthig frage ich Jeden, dem das Vermögen gegeben ist, Wahrheit und Dichtung zu unterscheiden: ob der Verfasser des vierten Evangeliums auf ihn je den Eindruck eines so schlauen Jesuiten, bei welchem der Zweck die Mittel heiligt, gemacht habe? Ob jenes Frische, Naive, Subjective, das die ganze Darstellung des Johannes beherrscht, uns nicht gerade an das Gegentheil einer diplomatischen und sectirerischen Ueberlegung sollte denken lassen? Ja, ob dieses Evangelium nicht viel enthalte, was mit dieser seiner vorausgesetzten Herkunft und Tendenz in directem Widerspruch stehe? Es soll eine auf dem Boden eines veredelten Gnosticismus gereifte Frucht sein, ist aber mit den Grundanschauungen der Gnosis des 2. Jahrh. in directem Widerspruch. Der Gnosticismus war antijüdisch, und zeichnete sich aus durch die tiefste Verachtung des A. Test. Und hier höre ich den Herrn ausdrücklich erklären, daß das Heil von den Juden komme; ich sehe, daß er die jüdischen Feste zu Jerusalem, sogar die, wozu man nicht verpflichtet war, fleißig besucht; ich bemerke, daß er unaufhörlich verweist auf das A. Test., welches unser Evangelist fast eben so häufig anführt, als Matthäus. Der Gnosticismus tritt der wahren Menschheit des Herrn zu nahe: das vierte Evangelium — wir werden uns später davon überzeugen — erkennt dieselbe an und behauptet sie mit Nachdruck. Der Gnosticismus legte hohen Werth auf die Taufe des Herrn, im vierten Evangelium geschieht derselben viel weniger ausdrücklich Erwähnung, als selbst in den drei ersten Evangelien. In der That, man möchte sagen, daß ein solcher Autor eben so viel Geistverwandtes mit den Gnostikern, als eine Paradiesblume mit einer Distel, habe.*) Es soll unter Anderm sein Plan gewesen sein, behauptet man, die Superiorität des Johannes vor Petrus darzuthun; ein so fein überlegter Plan, daß er achtzehn Jahrhunderte verborgen bleiben konnte, der nun aber so evident ist, daß er in mancher kleinen Eigenthümlichkeit durchblickt. So z. B. (o des klugen Vorbedachts!) trägt der Verfasser Sorge, daß man erfahre, wie Johannes schneller als Petrus nach dem leeren Grabe gelaufen sei (Kap. 20, 4). Schade nur, daß er schon im folgenden Kapitel (21, 7) Petrus eher als Johannes bei dem auferweckten Jesus selbst sein läßt. Und wie ließe es sich mit diesem Plane reimen, daß er, der den Petrus hintansetzen will, daß er gerade allein uns jenes herrliche Bekenntniß des Petrus zu Ende des 6. Kapitels aufbewahrt hat, welches derselbe im Namen der Zwölfe ausspricht! Unser Anonymus weiß in der That seine Mittel sehr gut zu wählen, um gerade das Gegentheil von dem, was er beabsichtigt, zu erreichen. Und solchen armseligen, kleinlichen Rivalitäten soll die Kirche dieses herrliche Evangelium zu verdanken haben? Ebenso gut könnte man eines schönen Tages behaupten, die Erde habe den Glanz des Sonnenlichts einer wohlgeglückten Concurrenz, mit dem übrigens etwas prätensiösen Mondlichte zu verdanken. Genug; man muß mit de Pressensé sagen: „On ne répond pas à de tels jugements car les éléments d'une appréciation commune manquent; nous abandonnons de telles insinuations à la conscience!"**)

---

*) Nicht zu stark drückt Ebrard a. a. O. S. 736 sich aus, wenn er behauptet, „daß man, um die Aechtheit des Evangeliums Johannes siegreich bestreiten zu können, erst die ganze Kirchen-und Litteraturgeschichte der zwei ersten christlichen Jahrhunderte über den Haufen werfen und das unterste zu oberst kehren müsse."
**) Edm. de Pressensé a. a. O. p. 224.

Oder sollen wir noch etwas antworten? Wohlan, so fragen wir, wie es möglich sei, daß ein solcher Betrug, wie er hier vorausgesetzt wird, nicht entdeckt, nicht bestraft wurde? Die Parteischrift soll also eine andere Partei bekämpft haben, welcher doch sicher an der Entdeckung der Mystification etwas gelegen war. Hat die Partei geschlafen, oder sich bis auf den letzten Mann überlisten lassen? — Es geht doch wahrlich nicht an, alle Kirchenväter des 2. Jahrhunderts, die das Werk der Apostel fortsetzten, die den heftigen Anprall des Gnosticismus überstanden, entweder zu Mitschuldigen, oder zu den — Düpirten zu machen. Man spricht so häufig von untergeschobenen Schriften, die während der ersten Jahrhunderte unter dem Namen berühmter Männer, auch der Apostel sollen verbreitet gewesen sein. Aber zu einer solchen Schrift, die unter solchem Namen, die mit solchem Erfolge verbreitet gewesen wäre, hat die ganze altchristliche Litteratur kein Gegenstück aufzuweisen! Und noch einmal, so meisterhaft ist in diesem Falle die Nachahmung der Wahrheit gewesen, daß der gewandteste Fälscher von Handschriften oder Banknoten bei diesem „großen Unbekannten" in die Schule gehen könnte. —

Entdeckt mußte es werden, daß der Name des Apostels hier mißbraucht war, und — sollte es ungestraft geblieben sein? Es liegen Beispiele vor, die klar und bestimmt das gerade Gegentheil erwarten ließen. Der Kirchenvater Tertullianus berichtet,*) daß ein Presbyter Kleinasiens eine Schrift unter dem Namen des Apostels Paulus verfertigt und in Umlauf gesetzt hatte. Zur Verantwortung gezogen, betheuert er, daß er es aus Bewunderung und Liebe zu Paulus gethan habe: Nichts kann ihm helfen; er wird seines Amtes entsetzt. So entschied in dieser Angelegenheit der Geist der Wahrheit; sollte er hier nicht im Stande oder nicht Willens gewesen sein, eine scharfe Gränzlinie zwischen Wahrheit und Dichtung zu ziehen?

Das vierte Evangelium unächt und erdichtet! Traun! die Art und Weise, wie man sein Entstehen zu erklären sucht, ist gar seltsam und wohl neu. Wohl neu — nein, auch diese Illusion sammt Allem, was sie Verlockendes hat, muß ich Ihnen leider rauben. Ich will jetzt nicht zurückkommen auf den schon vergessenen Lützelberger, welcher im Jahre 1840 die Authentie des Johannes bestritt, und hierbei, nachdem er sich's

---

*) Vrgl. Tertull de Bapt. v. 18. u. H. W. J. Thiersch, Versuch einer Herstellung des hist. Standp. Erl. 1845. S. 338.

ausgebeten „seine Phantasie mitsprechen zu lassen", uns mit der Mittheilung überraschte, dieses Evangelium sei nota bene von einem Samariter geschrieben, der als Knabe von zwischen acht und zwölf Jahren beim Ausbruche des jüdischen Krieges mit seinen Eltern nach Edessa gezogen und dort Christ, Bischof und unter Belehrung des Apostels Andreas Verfasser des vierten Evangeliums geworden sei. Noch ergötzt uns, als sei es gestern geschehen, das erste Lesen und Bekanntwerden mit seiner Schrift, die gewöhnlich in einem Athem mit Strauß besprochen wurde, doch — lassen wir die Todten ihre Todten begraben.

Ich denke an den Manichäer Faustus, welcher bereits im 5. Jahrhundert eine Waffe gegen die Glaubwürdigkeit der Evangelien aus ihrer gegenseitigen Verschiedenheit schmiedete, und welchen wir u. A. folgendermaßen vernehmen:*) „Mit Recht schenken wir Schriften, die so wenig zusammenstimmen, nicht ohne rationelle Beurtheilung Gehör, sondern Alles betrachtend und unter einander vergleichend, erwägen wir, ob Christus etwas davon sagen konnte, oder nicht. Denn es sind viele Worte früher in die Aussprüche des Herrn eingeschaltet, welche, trotzdem sie seinen Namen tragen, mit seinem Glauben nicht übereinstimmen; besonders weil jene, wie wir schon oft erwiesen haben, weder von ihm selbst ausgesprochen noch von seinen Aposteln aufgezeichnet wurden, sondern erst lange nach deren Hinwegnahme, von ich weiß nicht welchen Halb-Juden, sich gegenseitig widersprechend aus Gerüchten und Meinungen zusammengetragen sind."

Scheint es nicht gerade, als sei so mancher Krititus des 19. bei dem Manichäer des 5. Jahrhunderts in die Schule gegangen? Und ist denn eine ausgebreitete Gelehrsamkeit, ist selbst eine lange Beweisführung vonnöthen, um uns im Hinblick auf solche Hypothesen über die Entstehung des vierten Evangeliums den Schrei der Entrüstung und des Schmerzes „unmöglich!" zu entlocken? Fürwahr, es ist fast unbegreiflich, daß sie, die uns solche Abenteuerlichkeiten aufnöthigen wollen, selbst dabei nicht merken, daß sie uns von dem Gebiete des Wunderbaren auf das des Ungereimten führen. Man nennt unseren Glauben Phantasie, und behauptet, wir arme Apologeten verschluckten von Zeit zu Zeit Kameele. Fast möchten wir, das Bild fortsetzend, fragen, ob denn unsere Gegner selbst ganze Karawanen dieser Thierchen einzunehmen vermögen, ohne auch nur die geringste Indigestion zu verspüren.

---

*) Augustin., contra Faustum lib. XXXIII. cap. 2. et 3.

Allein die Sache ist zu ernsthaft für einen Scherz, läuft man auch andererseits vielleicht Gefahr, den bekannten Verweis zu verdienen: „Wie doch dem Teufel so viele jämmerliche Complimente wegen seines wissenschaftlichen Ernstes gemacht werden."

Soviel steht bei uns fest: Solche verzweifelte Maßregeln würde man nicht ergreifen, um sich der Macht der Beweise, die zu Gunsten des Johannes sprechen, zu entwinden, wenn man nicht um jeden Preis dem eigentlichen großen Stein des Anstoßes, dem Wunder, aus dem Wege gehen wollte. Hiermit ist denn auch der Inhalt unseres nächsten Vortrages bestimmt. Keine Angabe absonderlicher Beweise, keine Auflösung absonderlicher Bedenken genügt, so lange, ausgesprochen oder verschwiegen, die Forderung Rousseau's vernommen wird: „ôtez moi ces miracles de vôtre Evangile." Gegenstand unseres dritten Vortrages müssen und können jetzt auch die Johanneischen Wunder sein. Wir verlassen die Tiefebene und ziehen sofort den Riesen in der Alpenwelt der evangelischen Geschichte entgegen. —

# III.

## Die johanneischen Wundererzählungen.

> „Ich habe allen Respect für den Rerus Rerum,
> „kann aber doch nicht umhin an den Simson
> „zu denken, der den Rerus der Thorflügel unbe-
> „schädigt ließ, und bekanntlich das ganze Thor
> „auf den Berg trug."
>
> Matthias Claudius.

Hoch vor allen Gotteszeugen
Sieht man in die Wolken steigen
Stolzen Fluges einen Aar.
Was verheißen, was erfüllet,
Was in Nebel noch gehüllet,
Niemand sah es je so klar.*)

Nach Allem, was wir bis jetzt über das vierte Evangelium bemerkt haben, zögern wir keinen Augenblick länger, dieses Loblied des Mittelalters zu Ehren des Johannes mit immer lauterer Stimme zu wiederholen. Es ergab sich ja überzeugend, die kräftigsten äußeren und inneren Beweise sprechen um die Wette für seine Aechtheit; die unverkennbare Verschiedenheit zwischen ihm und den drei ersten Evangelisten schließt die höhere Einheit nicht aus, und die Anfangs- und Ausgangspunkte aller Linien, die Johannes weitergezogen hat, sind bei seinen Vorgängern schon nachzuweisen. Ja mit vollkommenem Rechte konnte unser vaterländischer Apologet (da Costa) fragen: „Wenn Jemand zweifelt, ob das vierte Evangelium wegen seiner besondern und eigenthümlichen Composition wohl zu den ächten Evangelien gehöre, ist das nicht gerade so, wie wenn er zweifelte, ob das Haupt wohl zum Körper gehöre, weil es von so ganz anderer Gestaltung, als die übrigen Glieder und Körpertheile ist"? So können wir jetzt auch nicht länger im Unkla-

---

*) Volat avis sine meta etc.

ren darüber sein, welchen besondern Rang wir dem Johannes zuerkennen sollen unter den Zeugen des Herrn, deren schriftliche Hinterlassenschaft uns durch Gottes Güte erhalten ist. Ihm, der einmal am Herzen des Herrn geruht und gelauscht hat, ihm kommt es zu, an der Spitze der ehrwürdigen Reihe zu stehen. Nicht als ob wir uns verleiten lassen sollten, denen zu folgen, welche nicht selten in einseitiger und undankbarer Weise den einen Zeugen der Wahrheit willkürlich über den andern erheben. Wir wollen, um bei dem eben gebrauchten Bilde zu bleiben, ebensowenig als das Haupt, einen Fuß oder eine Hand entbehren, die alle zu dem Körper gehören, und glauben, daß nicht in der willkürlichen Trennung, sondern in der sorgfältigen Verbindung dessen, was wirklich zusammengehört, das wahre Heil für den Glauben und für die Wissenschaft liegt. Indessen wagen wir es freimüthig zu behaupten, daß, soviel Wichtiges auch die drei ersten Evangelien über das Leben des Herrn mittheilen, dennoch eine wohlgeordnete, in sich zusammenhängende, pragmatische Lebensbeschreibung Jesu unmöglich ist, wenn wir nicht vorzüglich Johannes zu Rathe ziehen. Unzählige Einzelheiten, die von jenen mitgetheilt werden, bleiben dunkel ohne das Licht, das er verbreitet. Er fügt eine Menge ganz neuer Züge dem Christusbilde, das seine Vorgänger entworfen haben, hinzu. Auch was er mit ihnen gemeinsam hat, zeigt er uns von dem Standpunkt höherer Intuition; und diese benimmt der historischen Wahrheit ebensowenig Etwas, als der Sonnenstrahl, wenn er in mannigfacher Farbenbrechung auf dem Bache spielend bis auf den Grund blicken läßt, das Wasser oder die Richtung des Baches selbst irgendwie verändert. Wie könnten wir überdies, um von nichts Anderem zu reden, etwas Sicheres über Einzelheiten der Chronologie in Jesu Leben auf Erden bestimmen, wenn nicht Johannes uns vorleuchtete? Kein Wunder, daß die Unentbehrlichkeit seines Zeugnisses für unsre Kenntniß von Christo heutzutage auch von solchen anerkannt wird, die wohl Niemand zu der sogenannten beschränkten Richtung zählen wird. Sogar einige der sogenannten Modernen haben noch vor wenigen Jahren Johannes die Hauptquelle für die Biographie des Heilandes genannt.\*) Um von Andern zu schweigen, so hat Ernst Renan, der unter allen

---

\*) Vgl. C. C. J. Bunsen, Bibelwerk, Vorwort 1. Bd. „Ist das Ev. Joh. kein geschichtlicher Bericht des Augenzeugen, sondern ein Mythus, so giebt es keinen geschichtlichen Christus, und ohne einen geschichtlichen Christus ist aller gemeindliche Christenglaube ein Wahn; alles christliche Bekenntniß Heuchelei oder Täuschung, die christliche Gottesverehrung eine Gaukelei, die Reformation endlich ein Verbrechen oder ein Wahnsinn".

neueren Kritikern wohl am Wenigsten von dem Geiste des Johannes hat, so unbillig sonst sein Urtheil über unser Evangelium ist, für dessen relative Unentbehrlichkeit ein Zeugniß abgelegt, welches manchen Gegnern wohl einigen Stoff zum Nachdenken geben kann.*)

Was mag denn wohl — so fragen wir nach all diesem mit erhöhtem Interesse — was mag denn wohl der Grund sein, daß das Evangelium Johannes so Vielen noch ein Stein des Anstoßes bleibt, auch wenn sich auf die allermeisten Einwände gegen Einzelheiten seines Inhaltes eine befriedigende Antwort geben läßt? Ich weiß diesen Grund Ihnen nicht besser anzugeben, als mit den Worten des hervorragenden Hauptes der neuesten kritischen Schule: „Das Hauptargument für den späteren Ursprung unserer Evangelien bleibt immer dieß, daß sie, jedes für sich, und noch mehr alle zusammen, so Vieles aus dem Leben Jesu auf eine Weise darstellen, wie es in der Wirklichkeit unmöglich gewesen sein kann".**) Mit lobenswerther Offenheit nennt dies Wort hier gerade den heikelsten Punkt der kritischen Untersuchung, und kaum ist es ausgesprochen, da hören wir von allen Seiten den Ruf; „es ist doch genau betrachtet viel wahrscheinlicher, daß alle Evangelien unächt sind, als daß jemals ein Wunder stattgehabt haben soll." Sie kennen vielleicht die geistreiche Persiflage, womit Göthe im vorigen Jahrhundert den bekannten Gegner des Christenthums Dr. Carl Friedrich Bahrdt, den Verfasser der „Neuesten Offenbarungen Gottes" vor den Augen seiner Zeitgenossen bloß stellte. An seinem Pulte sitzend sieht Bahrdt die vier Evangelisten vor sich erscheinen, die von allen Seiten verfolgt ihn um einen Zufluchtsort bitten. Sie werden freundlich empfangen und sogar aufgefordert, sich der Gesellschaft andrer Gäste anzuschließen; nur möchten sie erst ihr altes Kostum ablegen, und sich nach dem neuesten Geschmacke kleiden. Zum Glück liegt gerade ein Anzug bereit, aber sonderbarer Weise zeigt keiner Lust zu dieser Metamorphose. Einer nach dem Andern schleicht weg, Johannes zuallererst; lieber wollen sie sich verfolgen lassen als unkenntlich werden, und der getäuschte Gastgeber weiß sich nicht anders als an ihren Schriften zu rächen. Kein Wunder; um was es ihm eigentlich zu thun war, sprach er einen Augenblick zuvor mit dem Worte aus, womit er ein eben geschriebenes Blatt nieder-

---

*) Vie de Jesus. Introduction p. XXXIII der ersten Ausg. Les Apôtres p. IX et X de l' Introd.

**) Baur, kritische Untersuchungen über die drei ersten Evangelien S. 530.

legte: „So redt' ich, wenn ich Christus wär". Nun, die Form der Bestreitung des Höchsten und Theuersten, was die Christenheit besitzt, wurde später unendlich feiner und anständiger, aber das Princip, hier in grober Weise ausgesprochen, nämlich eine rein individuelle Meinung an Stelle der geoffenbarten Wahrheit zu setzen, ist im Grunde noch immer dasselbe. Als die natürliche Erklärung der evangelischen Geschichte unter dem Hohngelächter der Wissenschaft, wie man sagte, zu Grabe getragen war, versuchte die mythische ihr Bestes; und als es sich ergab, daß die „absichtslos dichtende Sage" nur in der Phantasie eines Strauß und seiner Gesinnungsgenossen existirte, sah man sich durch die Macht der Consequenz gezwungen, von absichtlicher Dichtung im Interesse der Parteien zu reden, in welche, wie man behauptet, die Kirche des 1. und 2. Jahrhunderts auf die traurigste Weise zerrissen war. Die Evangelisten, besonders der vierte, die man vor 20 oder 30 Jahren nur für fromme Schwärmer hielt, sind jetzt, mit Erlaubniß zu sagen, promovirt zum Range ziemlich durchtriebener Betrüger; und, um ferner allein bei Johannes zu bleiben, schon die Wunder, die er erzählt, reichen hin, ihm jeden ernstlichen Anspruch auf den Namen eines Historiographen streitig zu machen. Noch vor Kurzem hielt man sein Evangelium für ächt, versuchte aber unter der Hand die anstößigen Stellen entweder in rationalistischem Sinne zu erklären, oder als Interpolationen aus dem heiligen Texte zu verbannen. Jetzt leugnet man nicht länger, daß dies Evangelium den Herrn völlig „unglaubliche Dinge" sagen und thun lasse, aber gerade darum leugnet man auch ganz entschieden, daß es von dem Lieblingsjünger des Herrn, dem Apostel Johannes geschrieben sei. Doch so ist uns denn auch der Weg, auf dem wir weiter gehen müssen, von der Gegenpartei selbst angewiesen. Die johanneischen Wundererzählungen ziehen für diesmal unsere ganze Aufmerksamkeit auf sich. Zuerst wollen wir diese Erzählungen an und für sich betrachten, und zusehen, ob sie — die Möglichkeit des Wunders für einen Augenblick angenommen — die Spuren von Erdichtung, oder vielmehr von innerer Glaubwürdigkeit tragen. Alsdann werden wir von selbst Gelegenheit finden, die Wunderfrage im Zusammenhang mit der evangelischen Geschichte mehr im Allgemeinen zu besprechen.

I. Wenn wir von johanneischen Wundererzählungen sprechen, so denken wir speciell an die Thaten des Herrn, die nach dem Berichte unsers Evangelisten durch seine ganz außerordentliche Macht geschehen sind, indem wir einen Augenblick absehen sowohl von den Beweisen seines höheren Wissens, die uns dies Evangelium erzählt, als auch von den wunderbaren Ereignissen, die auf seinen eigenen Lebensgang einwirkten, wie z. B. die Stimme vom Himmel kurz vor seinem Tode oder seine leibliche Auferstehung. Wir haben also im Auge: die Verwandlung des Wassers in Wein (Kap. 2, 1—11), die Heilung des Sohnes des Königischen zu Kapernaum (Kap. 4, 45—54) (angenommen, was unsicher scheinen könnte, daß diese vom Herrn nicht nur verkündet, sondern gradezu bewirkt worden ist), die Heilung des Kranken am Teiche Bethesda (Kap. 5, 1—15), das Speisungswunder, worauf das Wandeln auf dem Meere folgt (Kap. 6, 1—15), die Heilung des Blindgebornen (Kap. 9) und die Auferweckung des Lazarus (Kap. 11). Also sechs oder sieben Zeichen, von denen bloß eins, nämlich das Speisungswunder auch von den andern Evangelisten aufgezeichnet ist, während die übrigen ausschließlich durch das vierte Evangelium uns zur Kenntniß gekommen sind.

Uebersehen wir diese johanneischen Wundererzählungen mit aufmerksamem Blicke, so tritt uns zuerst entgegen, daß sie ohne Ausnahme demselben Gebiete angehören, auf welches wir, auch nach den drei ersten Evangelien, den Herrn wunderthätig einwirken sehen. Auch hier gehorcht die unbeseelte Natur seiner mächtigen Stimme, auch hier flieht die Krankheit auf seinen Wink, und wird der Tod gezwungen, die schon erfaßte Beute herauszugeben. Zugleich jedoch fällt uns neben der Gleichheit der Art die Verschiedenheit des Grades in die Augen. Es ist nicht nur ein Kranker, sondern einer, der achtunddreißig Jahre krank gewesen ist, nicht nur ein Blinder, sondern ein Blindgeborner, nicht nur ein Gestorbener, sondern der schon vier Tage im Grabe gelegen hat, an welchen sich die Wundermacht des Heilandes verherrlicht. Man hat in diesem höheren Grade des Wunderbaren im vierten Evangelium eine unbestreitbare Spur der Ausschmückung und der Dichtung gefunden, und gewiß, wenn man einmal die zwei Dinge bewiesen hat, die Unmöglichkeit des Wunders und die Unächtheit des Evangeliums Johannes, so hat man guten Grund, die Erzählung so großartiger Wunder mit mißtrauischem Blicke zu betrachten. Hält man dagegen das Wunder im Allgemeinen für möglich, und gibt man einmal die Wundererzählungen der synoptischen Evangelien zu, so wird man mit wenigstens gleichem Rechte annehmen dürfen, daß für den, der auf diesem Gebiete das relativ Geringere vermochte, auch das Größere nicht unmöglich sein konnte; dann wird man auch annehmen dürfen, daß Johannes, der — wie wir sahen — die synoptischen Erzählungen gekannt und ergänzt hat, mit Vorliebe solche Thaten des Herrn beschreibt, die von seinen Vorgängern noch nicht aufgezeichnet waren, ihm jedoch zur Erreichung des Zweckes, den er bei der Abfassung seines Evangeliums im Auge hatte, vorzugsweise geeignet zu sein schienen. Also Möglichkeit gegen Möglichkeit, um uns nicht stärker auszudrücken; auf welcher Seite wir die Wirklichkeit zu suchen haben, wird sich bei näherer Betrachtung ergeben. Für jetzt bemerke ich bloß, daß ein Erzähler, der viel weniger Wunder als einer seiner Vorgänger mittheilt, und wiederholt durchblicken läßt, daß der Herr noch viel mehr Wunder gethan hat, als er namentlich aufzeichnet[*]), gerade nicht vorzugsweise das Vermuthen der Uebertreibung und Wundersucht weckt. Im Gegentheil zeigt Johannes auf diesem Gebiete eine verhältnißmäßige Nüchternheit, die ihn, ich wiederhole es, einigermaßen müßte Gnade finden lassen in den Augen der heutigen Wunderleugner. Aber freilich, so gering ihre Quantität auch ist, ihre Qualität ist und bleibt von der Art, daß sein Bericht, in diesem Punkte wenigstens, in manchen Ohren durchaus unglaublich klingen muß. Die johanneischen Wundererzählungen, darin stimmen wir der Gegenpartei unbedenklich zu, übertreffen wo möglich an Erhabenheit noch weit die synoptischen, und bekunden einen Charakter von unvergleichlicher Majestät, der uns das Recht gibt, wenn sie einmal genügend gesichert sind, hier von nichts Geringerem, als von einer göttlichen Wundermacht zu reden.

Der Gesichtspunkt — und das ist eine zweite allgemeine Bemerkung — der Gesichtspunkt, aus dem Johannes die Wunder darstellt, entspricht ganz dem Zwecke, den er bei seiner Schrift ausgesprochenermaßen im Auge hat.

Wenn er schreibt (Kap. 20, 31): „Daß ihr glaubet, Jesus sei Christ der Sohn Gottes", so hält er zur Erreichung dieses Zweckes u. A. auch die Erzählung einiger Wunder für geeignet. Sie sind ihm Zeichen d. h. Thatsachen, die, so sehr sie auch in den Bereich der Sinne fallen, dennoch eigens die Bestimmung haben, dem Geiste die Ahnung einer höheren Wahrheit nahe zu bringen, und ihm diese anschaulich vorzu-

---

[*]) Joh. 2, 23; 4, 35; 7, 31 u. a.

führen. Als solche sind sie zugleich Offenbarungen der Herrlichkeit des fleischgewordenen Wortes, und vorzüglich dazu geeignet, den, der sie in der rechten Gemüthsverfassung betrachtet, im Glauben zu bestärken (Kap. 2, 11). Nach Jesu eigener Aussage bei Johannes (Kap. 5, 36) machen sie einen Theil der Werke Gottes aus, die er auf Erden vollbringt, und die zum Zeugniß dienen müssen, daß ihn der Vater gesandt hat. Man traut seinen Ohren kaum, wenn man behaupten hört: „Jesus thut nach den Synoptikern solche Werke nicht, um seine göttliche Sendung zu beweisen", sodaß demnach hier ein augenfälliger Widerspruch zwischen ihnen und Johannes hervortritt. \*) Wie nun, sind es vielleicht keine Wunder im eigentlichen Sinne, auf die der Herr sich auch bei jenen beruft, wenn er sagt: „gehet hin und saget Johanni wieder, was ihr sehet und höret" (Matth. 11, 2—6). Oder ist das Wort auf einmal unächt geworden: „Wären solche Thaten zu Tyrus und Sidon geschehen, als bei euch geschehen sind, sie hätten vor Zeiten im Sack und in der Asche Buße gethan" (Matth. 11, 21; vgl. auch Matth. 12, 28). So viel ist gewiß; wer die Behauptung aufrecht erhält, der synoptische Christus lege kein besonderes Gewicht auf seine Wunder, und berufe sich nirgends auf diese Beglaubigungen seiner göttlichen Sendung, der wird wohl daran thun u. A. das 11. Kap. aus dem Evangelium Matthäi herauszureißen. Dies ist indessen noch gerade einer von den Abschnitten, deren Aechtheit auch von der modernsten Kritik anerkannt wird.

Ebenso unglücklich ist die Gegenüberstellung: „Die Wunder in den drei ersten Evangelien geschehen, um Unglücklichen eine Wohlthat zu erweisen, bei Johannes dagegen, um die Herrlichkeit Jesu zu offenbaren." Als ob nicht schon bei einer oberflächlichen Betrachtung klar wäre, daß das Eine das Andere nicht ausschließt. Oder sollen auf der einen Seite die Wohlthaten des Herrn nicht dazu dienen, ihn zu offenbaren als den, der da kommen soll; und offenbart er auf der anderen Seite seine Herrlichkeit nicht gerade durch Wohlthaten, die er mit liebevollem Herzen erweist? Es ist deutlich, dort wie hier dient das, was Jesus thut, zur Andeutung dessen, was er ist; auf beiden Seiten ist erbarmendes Mitgefühl die Grundursache der Wunder, ihr Endzweck der Erweis seiner himmlischen Sendung und zugleich die Offenbarung seiner himmlischen Herrlichkeit.

---

\*) Siehe Scholten Ev. Joh. S. 232 und 233.

Am allerwenigsten ist es uns gelungen, einen unversöhnlichen Widerspruch darin zu finden, daß von den Synoptikern das Wunder in die engste Beziehung zu dem Glauben des Kranken gebracht wird, während bei dem vierten Evangelisten der einzige Factor des Wunders die Allmacht des Gottessohnes sein soll. Oder wie, ist denn nicht auch den Synoptikern die Allmacht der eigentliche Factor aller Wunderzeichen, die an den Glauben anknüpfen und ihn offenbaren? Und hören wir wiederum nicht auch bei Johannes den Herrn vor Verrichtung des glänzendsten seiner Zeichen fragen: „habe ich dir nicht gesagt, so du glauben würdest, du solltest die Herrlichkeit Gottes sehen" (Kap. 11, 40)? Auf keiner der beiden Seiten wird das Wunder verursacht durch den Glauben an und für sich, sondern allein durch die Kraft, die von Jesu ausgeht; auf beiden Seiten ist der Glaube die bald stillschweigend vorausgesetzte, bald nachdrücklich geforderte Bedingung, unter welcher das Wunder vollbracht wird, das unentbehrliche Erforderniß, ohne das man unempfänglich sein würde für die Erfahrung der wohlthätigen Macht des Wunderthäters. Nach beiden Quellen verrichtet der Herr in der Regel seine Zeichen da, wo man seiner Hülfe dringend bedarf, aber auch verlangend und vertrauend ihrer harrt.\*) Nach beiden beruft er sich auf diese Thaten zum Beweise dafür, daß der Glaube an ihn höchst vernünftig (den Forderungen der höchsten Vernunft entsprechend), der Unglaube hingegen ganz und gar unentschuldbar sei.\*\*) Nach beiden endlich zeigt er deutlich, daß der Glaube, der lediglich auf seine Wunder sich gründet, in seiner Beurtheilung eine geringere Art des Glaubens ist; und aus diesem Grunde weist er die Wundersucht vielmehr zurück, als daß er sie befriedigt oder nährt. Mit einem Worte, auch hier liegt wieder die Verschiedenheit auf der Oberfläche, die Uebereinstimmung in der Tiefe verborgen, und das Wundergebiet ist wohl erwogen zur Rechten wie zur Linken dasselbe.

Ist also in allen Beziehungen kein wesentlicher Unterschied zwischen Johannes und den übrigen Berichterstattern, dann — und dies soll eine dritte Vorbemerkung sein, — dann gilt auch für beide dieselbe Auslegungsweise, und wir sind verpflichtet, wofern der Evangelist nicht selbst deutlich zu erkennen gibt, daß er anders verstanden werden will, seine Wundererzählungen als Erzählungen von Thatsachen anzu-

---

\*) Joh. 2, 3 und 4; 5, 6; 11, 21—27.
\*\*) Matth. 11, 2—6, vgl. Joh. 5, 36. Matth. 11, 20—24; vgl. Joh. 10, 32; 15, 24.

sehen, die er von uns als wirklich geschehen verstanden wissen will. Ob sie wirklich geschehen sind, kommt hier noch nicht in Frage; aber vor Allem müssen wir wissen, wofür der Verfasser selbst sie ausgibt. Und dann erleidet es bei einem Unparteiischen keinen Zweifel, daß Johannes uns wirklich Thaten, eigene Thaten des Herrn erzählen will, welche deßhalb, ebensogut wie seine Worte, grammatisch-historisch erklärt werden müssen. Man könnte sagen: Das versteht sich von selbst; doch war man darüber in jüngster Zeit anderer Meinung. Um sich um jeden Preis den Wunderglauben vom Halse zu schaffen, meinte man nämlich auf diese Erzählungen die sogenannte allegorische Schriftauslegung anwenden zu müssen. Ausgehend von der sehr richtigen Bemerkung, daß unser Evangelist diese Wunder als Zeichen der Herrlichkeit Jesu darstellt, hat man behauptet, daß die hier mitgetheilten Zeichen ursprünglich unhistorische Einkleidungen religiöser Ideen seien, und daß der Evangelist dieselben eigentlich bloß niedergeschrieben habe, um eine ideale Wahrheit auf diese Weise in concreter Form zur Anschauung zu bringen. So soll die Erzählung des Vorgangs auf der Hochzeit zu Kana den Gedanken symbolisiren, daß von Jesu das Leben nach dem Gesetze in das Leben nach dem Geiste umgestaltet wird, wobei dann ersteres unter dem Bilde des Wassers, letzteres unter dem Bilde des Weines dargestellt sein soll. So soll das Wunder am Teiche Bethesda uns Jesum als Erneuerer des sittlich erschlafften Lebens der sündigen Menschheit, darstellen oder nach einem andern Einfall der achtunddreißigjährige Kranke ein Typus des sittlich gelähmten Israels sein, und — wer hätte es je gedacht — die fünf Hallen voll Unglücklicher ein Symbol der Unzulänglichkeit des Judenthums zur geistlichen Heilung der Kranken. So symbolisire Jesu Wandeln auf dem Meere den Gedanken, wie Jesus auf dem großen Meere der Welt ruhig dahinschreitet, während die Gläubigen auf diesen ungestümen Mereswogen keine Ruhe haben, so lange Jesus nicht bei ihnen ist. Schon genug, um uns darüber aufzuklären, wo diese Methode eigentlich hinauswill. Lassen wir uns durch ihre Vertreter leiten, so haben wir es dafür zu halten, daß der Evangelist nicht eigentlich, sondern uneigentlich verstanden sein will, wo er von diesen und ähnlichen Wundern spricht. Um hinter seine Meinung zu kommen müssen wir die allegorische Interpretation zu Hülfe nehmen, dieselbe, deren Paulus sich ein einziges Mal, nämlich Gal. 4, bedient, wo er nach der in seiner Zeit üblichen Methode beweist, daß unter dem Namen Hagar der Berg Sinai in Arabien angedeutet sei. So steckt also auch in diesen Erzählungen ein tieferer Sinn, um den es dem Erzähler eigentlich ausschließlich zu thun war, und dessen Auffindung uns aller exegetischen und kritischen Schwierigkeiten überhebt, welche, wenn der Verfasser die Absicht gehabt hätte, wirkliche Ereignisse historisch darzustellen, durchaus unüberwindlich wären.

Was sollen wir von dieser Auffassungsweise sagen, welcher gegenwärtig auch Solche huldigen, die noch vor wenigen Jahren kaum Worte hätten finden können, ihre tiefe Verachtung vor solchen „frommen Spielereien" auszudrücken? Nur mit Mühe läßt sich die Frage unterdrücken, ob denn der so hoch gepriesene Fortschritt der Wissenschaft unserer Zeit einfach in einem Rückfall in die Absonderlichkeiten der Coccejanischen Typologie bestehe, und ob die systematischen Bestreiter aller Autorität sich denn nun wirklich einbilden, man werde ihnen dieses Alles aufs Wort glauben. Wenn — um noch einmal den Namen des berühmtesten Dichterheroldes der modernen Weltanschauung zu nennen — wenn Göthe wieder aufstünde, er würde Stoff und Anlaß finden, einigen Schrifterklärern die ironische Regel zu wiederholen:

"Im Auslegen seid frisch und munter,
Legt ihrs nicht aus, so legt etwas unter."

In der That, es liegt etwas Demüthigendes darin, wenn man sieht, wie leicht Unglaube in Aberglaube, Rationalismus in Mysticismus umschlagen können. Scheint es nicht, als sei der menschliche Geist auf ewig dazu verurtheilt, von dem einen Extrem in das andere zu fallen? Jahre lang ließ man die Thatsachen unangetastet stehen, aber man hatte weder Augen noch Ohren für die darin ausgedrückte Idee. Gegenwärtig findet man kaum Worte genug, die Herrlichkeit der Idee zu erheben; doch wähne man nur nicht, daß die Erzählung, welche die Idee enthält, ein wirkliches Factum berichte! Geistloser Materialismus auf der einen Seite, auch auf exegetischem und kritischem Gebiete, und Alles zersetzender und verflüchtigender Spiritualismus auf der andern; wer will entscheiden, welcher von beiden der Sache der Wahrheit den größten Schaden zugefügt hat? Ja es ist wirklich schwer, keine Satyre zu schreiben, wo sich so viel Willkür in den Mantel der Wissenschaft hüllt. Oder gibt denn der Evangelist nur im Geringsten einen Wink, wie Paulus Gal 4, 24, daß er auf besagte Weise will verstanden werden; und wenn nicht, woher hat Jemand das Recht, dem Verfasser Absichten unterzuschieben, von denen nicht erweislich ist, daß er auch nur einen Augenblick daran gedacht habe? War denn die christliche Kirche Jahrhunderte lang mit unbegreiflicher Blindheit geschlagen, daß sie ebensowenig diesen „Tiefsinn" errathen, als das Bestehen solcher Hintergedanken vermuthet hat? Wird hier nicht aller geistreichen und geistlosen Spielerei Thür und Thor geöffnet, und verdrängt nicht bei dieser Auffassung ein Machtspruch den andern? Wo — um nur Eines anzuführen — wo ist im neuen Testament Wasser im Gegensatz zu Wein das Sinnbild des Niedrigeren, nämlich des Lebens unter dem Gesetz, da vielmehr das Höchste, das Heil in Christo, beständig unter dem Sinnbilde des lebendigen Wassers dargestellt wird? Woher um's Himmels willen hat man das Recht, in den fünf Männern, welche die Samariterin nach der Erzählung gehabt hat, ein Symbol der fünf falschen Götter der Samariter zu sehen, während Israels Gott, den sie damals gerade verehrten, eigentlich auch der ihrige nicht war? Was berechtigt, den achtunddreißigjährigen Kranken für einen unhistorischen Typus des sittlich gelähmten Israels anzusehen — vielleicht gar sein Bett für ein Symbol der Ruhe, die es vergeblich sucht? „Auf diese Weise kann man aus Allem Alles machen", rufen Sie wohl mit halb mitleidigem halb ärgerlichem Lächeln aus, und Sie haben vollkommen Recht.

Leugnen wir denn nun im Gegensatz zu allem Diesem, daß wirklich die johanneischen Wunderzählungen Träger höherer Ideen seien? Dann müßten wir unsrerseits ebenso einseitig sein, als die, denen wir aus innerster Seele widersprechen; ja was ärger ist, dann kämen wir mit unserm Johannes selbst in Streit. Das unterliegt doch wohl keinem Zweifel, daß er z. B. die wunderbare Speisung mittheilt zum Zeichen, daß Jesus wirklich nach seinem eigenen Worte das Brod des Lebens; die Heilung des Blindgebornen, daß er das Licht der Welt, die Auferweckung des Lazarus, daß er die Auferstehung und das Leben ist. Sichtlich ist es Johannes vor Allem um die Worte des Herrn, mit denen er seine Zeichen beleuchtet, und von einer bestimmten Seite anschauen läßt, nicht weniger zu thun, als um das Zeichen allein. Aber — und diesen Satz können wir mit gutem wissenschaftlichen Gewissen voranstellen — die Wahrheit der Worte, die er berichtet, bringt er uns in dem Spiegel, nicht einer erdichteten Geschichte, sondern einer wirklichen Thatsache zur Anschauung. Thatsache und Idee verhalten sich zu einander wie Leib und Seele, die ebensowenig identificirt, als willkürlich von einander getrennt werden können. Die Thatsache ist die verkörperte Idee, die Idee die Seele der Thatsache. Ist einmal — um unsre Ansicht an einem Beispiele zu verdeutlichen — ist einmal die Wahrheit des Wunders zu Kana dargethan, und sein derzeitiger Zweck an's Licht gestellt, so kann es freistehen, in ihm a posteriori auch den Ausdruck des an und für sich wahren Gedankens zu finden, daß Jesus aus dem Niedrigeren das Höhere schafft, und das Leben unter dem Gesetze in das Leben nach dem Geiste des Evangeliums umgestaltet. Vielleicht kann man bei erbaulicher Anwendung noch andere dergleichen schöne Gedanken aus der Geschichtserzählung schöpfen. Viel hängt hierbei ab von Sinn und Geschmack, die mehr von einem gewissen geistlichen Takte, als von bestimmten hermeneutischen Regeln geleitet werden. Aber weil man nun einmal dies oder jenes darin findet, nun auch unbedenklich zu behaupten: „Deßhalb hat der Evangelist eigentlich dieses und Nichts als dieses sagen wollen", und daran festzuhalten, trotzdem er selbst keine Andeutung solcher Beabsichtigung gibt; und nun, was noch schlimmer ist, zu schließen, daß die auf diese Weise gefundene Wahrheit nicht in der Erzählung einer wirklichen Thatsache enthalten, sondern in das feingesponnene Gewand romantischer Dichtung gehüllt sei — meine Zuhörer, die Wunderscheu muß doch ein sehr hartnäckiges und lästiges Uebel sein, wenn sie ihre Opfer zu solch halsbrechenden Operationen zwingt. Die Sache ist einfach die, daß man uns nur die Wahl lassen will zwischen Thatsache oder Symbol, während wir, von der Richtigkeit der Alternative durchaus nicht überzeugt, nicht müde werden zur Antwort zu geben: Thatsache und Symbol; Symbol und Thatsache zugleich.

Es ist also unbestreitbar, daß die Wundererzählungen des vierten Evangeliums, welch erhabene Gedanken auch in ihnen versinnbildlicht werden, Anspruch darauf machen, als Erzählungen wirklich geschehener wunderbarer Thatsachen betrachtet und behandelt zu werden. Aber jetzt entsteht die große Frage: Tragen sie in sich selbst — das Wunder an sich für einen Augenblick noch außer Betracht gelassen — tragen sie als Erzählungen in ihren Details Spuren der Unwahrscheinlichkeit und Erdichtung, oder läßt sich vielmehr an ihnen, selbst bis in die feinsten Nüancen, das Gepräge der Glaubwürdigkeit und Treue entdecken?

Erst wenn wir jede einzelne Wundererzählung einer näheren, wenn auch nur kurzen Betrachtung unterzogen haben, werden Sie im Stande sein, diese Frage zu beantworten.

Das Wunder auf der Hochzeit zu Kana (Kap. 2, 1—11). Man braucht noch nicht mit Renan zu phantasiren, daß der Herr gerne solchen Hochzeitsfesten beizuwohnen pflegte, — als sei dies von Zeit zu

Zeit so eine Lieblingserholung des Herrn gewesen — um es einigermaßen befremdend zu finden, daß er sein „erstes Zeichen" gerade auf einer Hochzeit verrichtete. Hundert gegen eins; dies würde Niemand als erstes Zeichen von dem „Menschensohn" erwartet haben. Dürfen wir nicht schon sofort hinzufügen, daß gerade dies Befremdende weit mehr geeignet ist, das Vermuthen einer Erdichtung zu schwächen, als zu stärken; und daß ein gnostisch-christlicher Roman — wie schon vor 25 Jahren Bruno Bauer dieses Evangelium nannte, und wofür es heute viele moderne Theologen in Holland ansehen — doch wohl eher auf eine andere, scheinbar weniger anstößige Weise eingeleitet worden wäre? Dieses Anstößige verschwindet im Uebrigen, wenigstens theilweise, bei der Bemerkung, daß dies Wunder in die Uebergangsperiode von dem zurückgezogenen zum öffentlichen Leben des Herrn fällt; in jene ersten Tage nach seiner Rückkehr aus der Wüste der Versuchung, deren Geschichte die drei ersten Evangelisten ganz mit Stillschweigen übergehen. Aus den persönlichen Erinnerungen während seines noch jugendlichen Umgangs mit dem Meister theilt Johannes einfach eine Besonderheit mit, die sich seinem Herzen gerade darum so unvergeßlich eingeprägt hatte, weil sie besonders ihm, dann aber auch dem kleinen Kreise Gleichgesinnter zur ersten Glaubensstärkung geworden war. Es ist eine Scene auf der Grenzscheide zwischen häuslichem und öffentlichem Leben; eine That, unter den Wundern gewissermaßen das, was unter den Reden das Wort des zwölfjährigen Jesus bei Lucas ist; das Zumvorscheintreten dessen, was bis dahin noch verborgen geschlummert hatte; der Uebergang, wie dort (bei Lucas) vom Knaben- zum Jünglingsalter, so hier von der Zeit der Vorbereitung zu der Zeit der langersehnten Erfüllung. Wie psychologisch begreiflich, daß Maria nach jahrelangem Schweigen und Harren etwas Großes — weiß sie auch selbst nicht Was! — erwartet und veranlassen will. Aber wie natürlich und angemessen zugleich, daß der Herr mit freundlichem Ernste sie zurückweist, die Stelle einzunehmen, welche jetzt mehr als je der Mutter des Messias zukommt! Nur wer am Klange der Worte hängen bleibt, kann etwas Hartes und Unehrerbietiges darin finden; wer schärfer horcht, vernimmt hier dieselbe Hochachtung, aber auch dieselbe Unabhängigkeit, die der Herr auch nach den andern Evangelien *) seiner Mutter gegenüber nie verleugnete, und sieht in dieser ungesuchten Uebereinstimmung noch einen

---

\*) Joh. 2, 4; 19, 26; vgl. Matth. 12, 46—50; Luc. 2, 49; 11, 27 und 28.

Beweis mehr für die Wahrheit der johanneischen Darstellung. Wenn Jesus spricht von seiner „Stunde", die noch nicht gekommen sei, so kann dies, wie aus dem Zusammenhang erhellt, kaum etwas Anderes bedeuten, als die Zeit zu handeln. Sie bricht (so ganz Gottes würdig!) nicht an, bevor Maria ihren Glauben und ihre Unterwerfung bezeugt hat in den Worten: „Was er euch sagt, das thut". Doch da die Stunde endlich schlägt, und der Herr, wie aus Erkenntlichkeit für die Aufnahme der sechs hinzugekommenen Gäste, die sechs steinernen Wasserkrüge draußen mit edlem Weine sich hat füllen lassen — verehrte Zuhörer, ich will nicht fragen, ob soviel Milde bei soviel Zartheit nicht viel eher den Namen eines Liebeswunders, als eines „Luxuswunders" verdient: auf etwas Anderes möchte ich Sie aufmerksam machen. Gesetzt, diese Erzählung sei (einerlei mit welcher Absicht) erdichtet: was meinen Sie, sollte dann der Erdichter nicht darauf wenigstens bedacht gewesen sein, daß er den Zeitpunkt, die Art und Weise, den Eindruck des Zeichens klarer und heller in's Licht gestellt hätte? Aber hier wird, wie Sie bereits bemerkt haben müssen, das Wunder mehr stillschweigend vorausgesetzt, als erzählt; nicht innerhalb, sondern außerhalb des Saales findet es statt; es wird constatirt, nicht einmal von dem Bräutigam, sondern von dem Speisemeister, mit einem Worte, das von Verwunderung, ja, aber zugleich auch von Unwissenheit zeugt. Das Wunder ist wie mit einem durchsichtigen Schleier bedeckt, daß man sogar noch rathen muß, ob wohl alles Wasser in Wein verwandelt worden sei; kein Wort von dem Eindruck, welchen es auf die Gäste, selbst nicht welchen es auf Maria gemacht; auch kein Wort von dem Wunderthäter, welches auf den eigentlichen höheren Zweck der That aufmerksam gemacht hätte. Urtheilen Sie selbst, ob das bekannte Wort: Ce n'est pas ainsi, qu'on invente, nicht auch hier unbedingt seine Anwendung finden kann?

Ein zweites Zeichen zu Kana, nach dem ersten Osterfeste, während der öffentlichen Wirksamkeit des Herrn, die Heilung des Sohnes eines königlichen Hofbeamten zu Kapernaum, die von Jesu aus der Ferne, sei es nun bewirkt, sei es als unzweifelbar sicher angekündigt wurde, und nach dieser Ankündigung sich wirklich zutrug. (Kap. 4, 45—54.) Diese Erzählung nun soll, wie man behauptet, im Plane des vierten Evangeliums zur Bezeichnung eines Glaubens dienen, der, weil er nicht auf das bloße Wort, sondern auf Anschauung eines sinnlichen Zeichens sich gründet, als solcher von Jesu mißbilligt wird. Daß hier ein solcher Glaube geschildert wird, der sehr ungünstig gegen den vorher erwähnten Glauben der Samariter absticht, leugnet gewiß Niemand. Aber warum diese Schilderung nicht dem Gebiete der Wirklichkeit sollte entlehnt sein können, das kann ebenso gewiß Niemand begreifen, als der allein, dessen Glaubensbekenntniß hinsichtlich dieses Punktes noch immer in dem Verschen verfaßt ist:

Ob groß das Wunder oder klein,  
Die Möglichkeit sieht Hans nicht ein.

Wundersüchtige Juden gab es auch nach den drei ersten Evangelisten genug, und daß der Herr diese Verkehrtheit bekämpft, ist ebenso natürlich, als daß er trotzdem endlich doch die erbetene Hülfe nicht versagt. Wer merkt das Vaterherz nicht heraus, aus jenem Tone der Seelenangst, womit der Hofbeamte auf den wohlverdienten Vorwurf antwortet: „Herr, komme hinab, ehe denn mein Kind stirbt"? Wer fühlt das erbarmende Heilandsherz nicht schlagen in der unmittelbar folgenden Zusage: „Gehe hin, dein Sohn lebet"? Wer begreift nicht, wie alsbald das freudige Erschauen den überraschten Vater bewegt, sammt seinem ganzen Hause zu glauben? Und er hat wohl zu bemerken auf Jesu Wort geglaubt; hätte der Erzähler nun bezweckt, den Unwerth des Wunderglaubens auf eine sehr geistreiche Weise zur Schau zu stellen, so hätte zum Wenigsten der Schluß dieser treffenden Erzählung ganz unterbleiben, oder anders eingerichtet werden müssen. Dann hätte Jesus zur Beschämung der Wundersucht das verlangte Zeichen unerbittlich verweigern müssen, während er hier gar ein noch größeres verrichtet. Das „Gehe hin" des Herrn, das Entgegeneilen der theilnehmenden Knechte, das Forschen nach der Stunde der Genesung — Alles wird in dieser Erzählung so durchaus zwecklos vermeldet, ja sogar durchaus unzweckmäßig, es sei denn — Sie errathen schon die Folgerung — es sei denn, daß wir hier Wirklichkeit, aus dem Leben gegriffene, persönlich erlebte Wirklichkeit vor uns haben.

Und verhält es sich wohl anders mit der Heilung des 38 Jahre krank Gelegenen, welche nach Johannes zu Jerusalem an einem Sabbathe verrichtet wurde (Joh. 5, 1—16)? Als Sabbathswunder stellt es sich schon sofort in eine Reihe mit mehreren ähnlichen Wundern, welche die drei ersten Evangelisten erwähnen, während uns eine kaum weniger überraschende Heilung einer achtzehnjährigen Krankheit allein von Lucas mitgetheilt wird.*) Von einer allegorischen Bedeutung der Lähmung,

---

*) Marc. 3, 1—6. Luc. 13, 10—17; 14, 1—6.

der fünf Hallen, des Badeteiches ist keine Spur zu entdecken, als lediglich in der Phantasie einer Kritik, die lieber einer abgenutzten exegetischen Methode, als einem vernunftwidrigen Wunderglauben sich in die Arme werfen will, gewiß nach der Regel, daß man von zwei Uebeln das kleinste wählen müsse. Was Johannes von Gesinnung und Benehmen des Gelähmten erzählt, ist psychologisch ebenso wahrscheinlich, als was er gleich darauf über Haltung und Gesinnung der Juden mittheilt. Ja gewiß, so waren, so sind sie, und unerklärlich bliebe hierbei schließlich allein — was mit all diesen Einzelzügen und Ausschmückungen auf dem Hintergrunde des Gemäldes bezweckt werde, wenn dasselbe etwas Anderes als eine Wunderthat verewigen sollte. Alles, was wir hier über den Herrn lesen, die Frage seiner aufsuchenden Liebe, die majestätische Art und Weise, wie er sein Zeichen verrichtet, die Bedachtsamkeit, mit der er sich der Menge entzieht, die ernste, den besonderen Bedürfnissen Rechnung tragende Warnung, womit er endlich der erwiesenen Wohlthat die Krone aufsetzt, — Alles ist hier so ganz nach seinem Geiste, wie wir denselben auch aus den andern Evangelien kennen, daß das hier Erzählte in jeder Hinsicht seiner würdig ist. Wir dürften uns selbst wundern, eine solche Offenbarung seiner Herrlichkeit bloß bei Johannes erwähnt zu finden, wenn wir uns nicht noch zeitig erinnerten, daß dieselbe speciell in den Kreis der jerusalemischen Zeichen gehöre, und daß bei einem so reichen Vorrathe von Zeichen und Wundern des Herrn, dessen alle Evangelisten Erwähnung thun, Niemand an Ausführlichkeit dachte.\*) Johannes, der bloß mit einem einzigen Worte die Zeichen, wodurch Jesus zuerst Aufsehen erregte, angedeutet hat (Kap. 2, 23), beschreibt das vorliegende ausführlicher, weil gerade bei dieser Gelegenheit die ersten Mordpläne bei den Juden aufstiegen (Kap. 5, 16, 18), und es insofern also den Anfangspunkt des wachsenden Kampfes zwischen Licht und Finsterniß bildete, welchen er nun weiter zu schildern hatte. Wie groß doch die durch dieses Sabbathswunder hervorgerufene Erbitterung war, können wir daran erkennen, daß der Herr hierauf, als auf den ersten Stein des Anstoßes, noch am folgenden Laubhüttenfeste sehr bestimmt hinweist (Kap. 7, 21—24). Um so eher mußte sich Johannes zur Erzählung dieses Vorfalles bewogen fühlen, weil er ihm willkommenen Anlaß bot zur Mittheilung jener kräftigen Rede, worin der Herr seine Wirksamkeit am Sabbathe vertheidigt, und

---

\*) Matth. 4, 24; 8, 16; 9, 35 u. v. a. Joh. 21, 25.

der weit größeren Werke erwähnt, welche er als Erneuerer des geistlichen Lebens verrichte. Darum jedoch als Behauptung aufzustellen, die Wundererzählung sei gleichsam zur Illustration dieser Idee ohne historischen Grund vorausgeschickt, dies ist eine Hypothese, die überallhin eher, als auf das Gebiet ernster, gründlicher, unparteiischer Wissenschaft gehört. In der That, es macht einen schmerzlichen Eindruck, die Koryphäen der Wissenschaft, die sich mit Glanz auf schwindelnder Höhe behaupten könnten, herabsteigen zu sehen zu einer so trostlosen Tiefe.

Nicht günstiger kann unser Urtheil sein, wenn wir wahrnehmen, wie leichten Kaufes man sich des Speisungswunders, welchem das Wandeln auf dem Meere folgt, entledigt. Es ist das einzige, welches Johannes mit den Synoptikern gemeinsam hat, höchst wahrscheinlich weil es zur Zeit des zweiten Osterfestes während der öffentlichen Wirksamkeit Jesu, wenn auch nicht zu Jerusalem, stattfand, und in Verbindung mit der darauf gehaltenen Rede eine anfängliche Spaltung unter den Jüngern hervorrief, wodurch alsbald die Endentscheidung vorbereitet und zugleich beschleunigt wurde. Die wunderbare Speisung; wir wollen jetzt nicht alle Schwierigkeiten, welche diese Erzählung auch für den Apologeten auf gläubigem Standpunkte behält, ebensowenig alle Ausflüchte herzählen, womit man auf natürlichem und naturalistischem Standpunkte der einzig richtigen Erklärung auszuweichen suchte. Nur darauf wollen wir Sie hinweisen, daß dieses Wunder eines der bestbeglaubigten der ganzen heiligen Geschichte bleibt. Von allen vier Evangelien wird es mit einer Ausführlichkeit und Anschaulichkeit mitgetheilt, welche keinen Zweifel hinsichtlich ihrer eigentlichen Meinung aufkommen läßt, und bei aller Verschiedenheit in Nebenumständen dieselbe Hauptsache erhärtet. Und, was Sie vor Allem nicht übersehen dürfen, das Wunder selbst ist von der Art, daß Erdichtung hier kaum möglich ist; es wird nicht bloß verrichtet, sondern es wird auch später noch zwischen dem Herrn und den Seinen eigens besprochen \*); ja es muß in diesem Zeitraum ein derartiges Staunen erregendes Zeichen stattgefunden haben, weil einzig und allein aus einem solchen außergewöhnlichen Umstande der grenzenlose Enthusiasmus des Volkes erklärlich ist, welchem alsbald eine merkliche Abkühlung folgte, als es sich zeigte, daß Jesus kein Messias nach dem Sinne der irdischgesinnten Juden sein wollte. \*\*)

---

\*) Matth. 16, 5—12. Marc. 8, 14—21.
\*\*) Joh. 6, 15 und 16; vgl. V. 66 ff.

Wir drücken uns nicht zu stark aus, wenn wir sagen, daß — die Möglichkeit der Wunder einmal zugestanden — nach dem Wunder der Auferstehung des Herrn keines so vielseitig bezeugt und bestätigt ist, als eben das Wunder mit den Broden. Unter solchen Umständen sollte man meinen, hier wenigstens werde die historische Realität des Ereignisses anerkannt werden. Aber nein, trotz aller Verbürgung bleibt diese Erzählung durchaus unglaublich, und warum? „Weil Jesus selbst V. 30 u. ff. das Verlangen nach einem sichtbaren Wunder wie das des Manna mißbilligt hat, und deßhalb schwerlich ein Speisungswunder verrichtet haben kann". *) Wirklich? Aber wie sollte die Menge auf einmal auf den Gedanken verfallen sein, solch ein staunenswerthes Zeichen wie den Mannaregen zu verlangen, wenn überhaupt nichts stattgefunden hätte, was sie auf diese Idee bringen konnte! Meines Dafürhaltens ist der Wunsch nach Wiederholung dessen, was Moses gethan hatte, vollkommen erklärlich, wenn man am vorhergehenden Tage wirklich Augenzeuge einer Speisung war, welche gar leicht die nie befriedigte Wundersucht zu noch höheren Anforderungen anreizen konnte; dagegen begreift Niemand, was mit einem Male die sonderbare Lust nach Himmelsbrod wachrufen konnte, wenn bloß das gewöhnliche Brod nach gewohnter Weise ausgetheilt worden war. Gerade wenn der Herr am vorhergehenden Tage erst ein so Staunen erregendes Zeichen verrichtet hatte, konnte er mit dem vollsten Rechte die unersättliche Wundersucht tadeln. Nicht um die Menge zufrieden zu stellen, sondern um sie in einer augenblicklichen Noth zu versorgen, hatte er nach dem Berichte aller Evangelisten in allvermögender Liebe das Wunder mit den Broden verrichtet. Sagt Johannes von Jesu: „er wußte wohl, was er thun wollte" (V. 6.), so schließt dieses klare Wissen durchaus noch nicht das Erbarmen aus, welches Matthäus und Marcus rühmend hervorheben. In der Erwähnung der großen Volksmenge und des vielen Grases an dem Orte erkennen Sie ohne Mühe den Augenzeugen wieder, und wäre es die Absicht des Verfassers gewesen, uns einen Christus zu schildern, der Wunder thut einzig und allein „um seine Herrlichkeit zu offenbaren" (als ob dies einen Gegensatz bildete zum Wunderthun „aus Liebe"), ich bezweifle, ob er uns zu Ende geschildert haben würde, wie der Heiland sich vor der hingerissenen Volksmenge in heilige Einsamkeit zurückzieht. So zum Wenigsten handelt kein Thau-

---

*) Scholten, Ev. Joh. S. 230.

maturg, der Schauwunder thut, lediglich um sich eine Gedenksäule eigener Größe zu errichten. Gewiß verkündet dies Wunder auf treffende Weise die große Wahrheit, daß Christus das Brod des Lebens ist; jedoch eben darum klingt dies Wort so erhaben, weil es gleichsam die Uebersetzung einer unvergleichlichen Thatsache ist. Daß Jesus die Welt mit scheinbar geringen Mitteln sättigt, ohne daß der Vorrath erschöpft wird, ja im Gegentheil immer noch etwas übrig bleibt, das nehmen auch wir mit Bewunderung wahr. Aber wiederum, nicht dieser Gedanke hat die Erzählung hervorgerufen, sondern die Wunderthat läßt uns diese Wahrheit, die weiter auch durch die geistliche Erfahrung aller Jahrhunderte bestätigt wird, wie in einem hellen Spiegel schauen.

Weiter zur Heilung des Blindgebornen, welche im 9. Kapitel erzählt wird. Wie man uns jetzt versichert, ist sie erdichtet, um anzudeuten, daß Jesus das Licht der Welt ist. Erdichtet — verehrte Versammlung! Es ist bekannt, daß Renan sich bereit erklärte, ein Wunder zu glauben, wofern es nur vorher von einer eigens dazu ernannten und befugten Commission genau untersucht und constatirt worden sei. Sollte man nicht fast in Versuchung kommen, von einer heiligen Ironie der Geschichte zu sprechen, welche diese willkürliche Forderung, viele Jahrhunderte bevor sie ausgesprochen wurde, bereits erfüllt hat? Denn wahrlich, hier ist Untersuchung angestellt von den schärfsten und feindseligsten Augen; die Zeugen sind aufgerufen, die Meinungen gehört, die verschiedenen Möglichkeiten gegen einander wie auf der Goldwage abgewogen, und — was ist das Resultat? Daß, während die Wunderthat unbegreiflich bleibt, die Erdichtung der Wundererzählung für durchaus undenkbar gelten muß. Ja, undenkbar; denn wozu in diesem Falle jener ganze Vorrath von Details, welche zu dem Hauptgedanken: „Jesus, das Licht der Welt" auch nicht im Geringsten in Beziehung stehen? Jenes Erstaunen der Nachbarn; jene Getheiltheit der Meinungen; jene Zwietracht der Pharisäer; die Schlauheit und das Ansichhalten der Eltern; die unerschütterliche Gelassenheit, die steigende Freimüthigkeit, die fast sagte ich schelmische Zutraulichkeit des Blindgebornen, indem er sein Erfahrungswissen dem Wissen der Pharisäer als vollgültig gegenüberstellt; ferner jenes demüthige Bekenntniß seines Glaubens gegenüber der nachgehenden und bemüthigenden Liebe des Herrn — doch, ich weiß was Sie antworten werden, wenn ich frage, ob Sie dies Alles für erdichtet halten können? Gewiß ist in dem Sinne des Evangelisten die Heilung des Blindgebornen die sichtbare Abbildung der Wahrheit, daß

Jesus das Licht der Welt ist; aber diese Wahrheit steht gerade darum in seinen Augen so fest, weil sie nicht bloß ausgesprochen, sondern durch ein glanzvolles Ereigniß gepredigt wurde. Daß der geheilte Blindgeborne von den Juden hinausgestoßen wurde, hat an und für sich ebensowenig etwas Befremdendes, als daß wir ihn nach diesem Vorfall sein Bekenntniß von Christo als dem Sohne Gottes ablegen hören. Billigerweise dürfte man sich vielmehr wundern, wenn das Eine oder das Andere unerwähnt geblieben wäre. Von einem bestimmten Zwecke, womit solche Züge ohne Rücksicht auf Wirklichgeschehensein erdichtet und berichtet sein sollten, läßt sich wenigstens keine Spur entdecken. Indeß, haben wir auch hier wieder Symbolik und Allegorie, warum denn nicht zugleich auch im Koth und Speichel, in den Nachbarn und Eltern? Die Consequenz ist doch augenfällig dafür; ob auch der gute Geschmack und der gesunde Verstand, das ist eine andere Frage. Die bekannte Frage: Ernst oder Scherz? läßt sich in der That beim Blicke auf einige der kritischen Bedenken, die mit der wichtigsten Miene von der Welt vorgebracht werden, bisweilen nicht ohne Mühe unterdrücken.

Und nun endlich die Krone aller johanneischen Wundererzählungen, die Auferweckung des Lazarus, die treffende Offenbarung der Wahrheit, daß Jesus im erhabensten Sinne die Auferstehung und das Leben genannt zu werden verdient. Daß auch wir diese Wahrheit hier in heiliger Zeichenschrift lesen, bedarf wohl keines Nachweises; allein zu behaupten, daß die ganze Erzählung lediglich erdichtet sei, um diese Wahrheit zur Anschauung zu bringen — verehrte Zuhörer, man darf es in der That fast unbegreiflich nennen, daß eine Zeit, welche wie die unsre das Verlangen nach Handgreiflichem hegt und pflegt, nicht Auge noch Herz hat für die himmlische Realität, welche man fast in jeder Zeile dieser unerreichbaren Darstellung gleichsam schmecken und fühlen kann. Geschichte — verspürt man sie nicht in jener Erwähnung der Salbung Marias (Kap. 11, 2) schon ehe sie nachher beschrieben wird; in jener ganzen Charakterzeichnung der Familie in Bethanien und der verschiedenartigen Gesinnung der Schwestern, welche durch den Bericht zu Ende von Luc. Kap. 10 so ungesucht bestätigt wird; in der Schilderung der Gemüthsbewegung des Herrn, der Stimmung der Feinde, der Krankheit, des Todes, der Auferstehung des Lazarus selbst? Lazarus — er soll eine bloße Fiction sein, seinen Namen zufällig dem wohlbekannten Gleichniß vom reichen Mann und armen Lazarus zu verdanken haben? Wie nämlich bei Lucas Abraham erklärt, daß es nichts helfen würde,

erſtünde auch Lazarus von den Todten, ſo ſoll der vierte Evangeliſt den
Lazarus, ohne daß die Juden ſich bekehren, wirklich von den Todten ha=
ben auferſtehen laſſen, um auf dieſe Weiſe der Parabel das Siegel einer
höheren Wahrheit aufzudrücken! Nicht mit Unrecht fürwahr hat Jemand
geſagt: „Wenn es ſo iſt, dann weiß ich nicht mehr, welches der Prüf=
ſtein ſein ſoll, der uns Wahrheit von Dichtung kann unterſcheiden lehren."*)
Was ſpricht denn doch ſchließlich für die ganze monſtröſe Conjectur,
als eine zufällige Uebereinſtimmung der Namen? Ich ſetze ihr eine
andre Conjectur entgegen: Der Herr hat in der bekannten Parabel den
Namen Lazarus einer der Hauptperſonen mit unwillkürlicher, bloß für
ihn verſtändlicher Anſpielung gegeben; dies iſt um ſo natürlicher, da
es ſich chronologiſch darthun läßt, daß er jene Parabel gerade an einem
der beiden Tage ausgeſprochen hat, die er noch, erfüllt mit dem Gedanken
an die Krankheit und den Tod des Bruders von Maria und Martha,
in einiger Entfernung von Bethanien zubrachte.**) Conjectur gegen
Conjectur; die letztere, glaube ich, läßt ſich leichter als die erſte verthei=
digen. Will man von beiden nichts wiſſen — gut; nur ſpanne man
die evangeliſche Geſchichte nicht auf das Procruſtesbett ſolch bodenloſer
Vermuthungen! Mit demſelben Rechte könnte morgen ein Anderer be=
haupten, die Erzählung von dem Aufenthalte und der gaſtfreien Aufnahme
des Herrn in einer Stadt der Samariter (Joh. 4, 40—42) ſei aus
der bei Lucas vorkommenden Parabel (Luc. 10, 30—37), daß ein barm=
herziger Samariter Oel und Wein in die Wunden eines mißhandelten
Iſraeliten gegoſſen habe, entſtanden. Für das Eine läßt ſich ebenſoviel
ſagen, als für das Andere, d. h. durchaus Nichts.

Und warum doch, wenigſtens wenn Wunder möglich ſind, vorzugs=
weiſe über dieſes Kapitel das Wort: kunſtvoll erdichtete Fabel ſchreiben?
Sind die beiden anderen Todten, von denen die ſynoptiſchen Evangelien
ſprechen, auf Jeſu Machtwort wieder lebendig geworden — und das
Gegentheil hat noch Niemand bewieſen — die Auferweckung des ſchon

---

*) Siehe Cramer, Bydragen 𝔢. 1. S. 276. Noch ſtärker drückt Uhlhorn ſich
aus in ſeinen vier Vorträgen über die moderne Darſtellung des Lebens Jeſu,
Hann. 1866. S. 94, wenn er ſchreibt: „das iſt raffinirt. Ich weiß wirklich
nicht, was man am meiſten bewundern ſoll, die Productivität des Pſeudo=
johannes, der aus einzelnen Andeutungen eine ſolche Geſchichte ſchafft; oder den
Scharfſinn der Kritiker, die der Entſtehung dieſer Geſchichte noch nach 1800
Jahren auf die Spur zu kommen wiſſen; oder endlich auch die Leichtgläubig=
keit derer, die das für möglich achten."

**) Vgl. unſer Leven van Jezus II S. 728.

im Grabe gelegenen Lazarus konnte für dieselbe Macht doch nicht zu groß oder zu sonderlich sein. Die Art und Weise, wie er den Glauben erst auf die Probe stellt und darnach belohnt, stimmt ganz überein mit dem Verhalten, das wir ihn früher und später beobachten sehen. Sogar das Bild vom Tode als einem Schlafe (V. 11) finden wir ebenso bei den andern Evangelisten (z. B. Matth. 9, 24; Marc. 5, 39.) Daß der Evangelist Jesum noch zwei Tage, nachdem er Nachricht von der Krankheit erhalten hatte, wegbleiben läßt, allein darum, damit das Wunder noch größer werde, ist einfach — zu beweisen! Der Herr kann uns unbekannte Gründe gehabt haben, die ein sofortiges Hingehen ihm nicht erlaubten, und wollte ohne Zweifel diesen nothwendigen Aufschub zur Uebung seiner trauernden Freundinnen in geduldigem und gläubigem Vertrauen benutzen. Ebenso wenig bietet das Gespräch des Herrn mit Martha vor Verrichtung des Wunders (V. 23—27) unüberwindliche Schwierigkeit. Gewiß, wenn das große Wort: „Ich bin die Auferstehung und das Leben" allein hätte sagen wollen, Jesus sei die Quelle alles geistlichen Lebens, dann läßt der logische Zusammenhang zwischen diesem Worte und dem vorigen: „Dein Bruder soll (leiblich) auferstehen" sich kaum nachweisen. Die Schwierigkeit verschwindet jedoch, wenn man annimmt, daß der Herr, um diese Verheißung näher zu beleuchten und zu begründen, sich die Auferstehung und das Leben im weitesten Sinne des Wortes nennt, sobaß die geistliche Auferstehung hier wohl nicht gerade ausgeschlossen, aber doch die leibliche gewiß an erster Stelle gemeint ist. Der Herr will sie keineswegs statt der leiblichen Erweckung, die sie hoffte, ein geistliches Auferstehen erwarten lassen, sondern in ihr den Gedanken wecken, daß, wer an ihn glaubt, ob er gleich stürbe, eigentlich nicht todt sei, und eben darum jeden Augenblick auch von ihm in dieses Leben zurückgerufen werden könne.

Das größte historische Bedenken, das man gegen dieses Wunder erhoben hat, ist das Schweigen der synoptischen Evangelien über einen Vorgang, der wie dieser schon an sich so erhaben und so entscheidend in seinen Folgen ist. Und gewiß, es läßt sich nicht verkennen, daß diese Erscheinung etwas Befremdendes hat. Mehr als eine Vermuthung läßt sich mit verschiedenem Grade von Wahrscheinlichkeit zur Erklärung dieses Umstandes anführen. Aber gesetzt selbst, nicht eine einzige Conjectur könne genügend bewiesen werden, und wir hätten deßhalb auf die Frage, warum hier alle Synoptiker schweigen, keine andere Antwort, als: wir wissen es nicht — was halten Sie davon, darf dies allein uns genügen, eine Erzählung mit Mißtrauen zu betrachten, die in so zahlreichen Zügen den unverkennbaren Charakter der Wahrheit und Wirklichkeit an sich trägt? Ja wenn die Erzählung ganz für sich in der johanneischen und der ganzen evangelischen Darstellung bastünde; wenn kein Berichterstatter etwas Aehnliches von Jesu meldete; wenn wenigstens das Entstehen solch einer Dichtung sich auf annehmbare Weise erklären ließe — dann ließe sich der Zweifel noch bis zu einem gewissen Grade entschuldigen. Aber die Sache steht in Wirklichkeit so, daß das Schweigen der andern Evangelisten befremdend, die Erdichtung jedoch durch diesen einen ganz und gar undenkbar ist. Denn wenn Lazarus nicht wirklich auferweckt wurde, was muß ich dann annehmen? Eins von Beiden: die Erzählung muß dann doch irgend einen, oder gar keinen historischen Grund haben. Irgend einen, aber welchen? Einen Scheintod, einen dramatischen Betrug, wobei Jesus Zuschauer und Acteur zugleich war, wie Renan vermuthet hat? Mit Abscheu und Widerwillen wenden Sie gewiß ihren Blick weg von solch schamloser Frivolität, durch welche das Heilige vor die Hunde geworfen wird. Oder gar keinen? Also ist die ganze Erzählung (so Réville) eine Art Allegorie oder Legende, die uns lehren soll, wie Jesus die Parias der damaligen jüdischen Gesellschaft, die er liebte und deren Loos er beklagte aus ihrem geistlichen Todesschlafe aufweckte? Wahrlich, wer eine solche Auffassung empfiehlt ohne nur einen Schein von Beweis, der rechnet doch wohl zuviel auf die Leichtgläubigkeit seiner Zuhörer.\*) Das Wunder ist unbegreiflich, aber diese Fiction ist nicht weniger undenkbar, als die Mystification, die sie ersetzen soll. Wozu noch mehr? Nun kann ich verstehen, warum Spinoza erklärte, daß er bereit sei an Jesum zu glauben, wenn er nur dieses Wunder zugeben könne. Aber er konnte es nicht, denn nicht die Erzählung an sich, sondern sein philosophisches System stand diesem Glauben im Wege.

II. Nicht die Geschichtserzählung stand dem Glauben im Wege, sondern sein philosophisches System. Dies Wort bringt uns von selbst von diesem engeren auf ein weiteres Gebiet. Es unterliegt keinem Zweifel, daß auf bei Weitem die meisten Bedenken rein historischer Art gegen jede besondere Wundererzählung sich eine ziemlich befriedigende Antwort geben läßt. Aber es wird täglich klarer, daß diese Einwände nur den

---

\*) „Il faut compter étrangement sur la stupidité de son public, pour lui donner en pâture de telles niaiseries." Godet.

Vorhang bilden, hinter dem ein unendlich größeres Bedenken sich verbirgt. Strauß hat irgendwo gesagt, daß, wenn auch die Zeugnisse für die apostolische Abkunft der Evangelien noch so alt und übereinstimmend wären, er den Inhalt doch nicht glauben würde. Fragen Sie, warum nicht? so antwortet er selbst: Alles was Jesum zu einem übernatürlichen Wesen macht, ist ein wohlmeinender, bis zu gewissem Grade vielleicht wohlthätiger, auf die Dauer jedoch schädlicher, jetzt vor allem verderblicher Wahn. Mit andern Worten, das Wunder selbst ist verwerflich, wäre es auch durch eine noch größere Zahl übereinstimmender Zeugen bestätigt. Und bedarf es wohl eines Nachweises, daß er in dieser Hinsicht nur aufrichtig ausspricht, was auch bei uns immer lauter verkündigt und mit Jubel aufgenommen wird?*) „Das Wunder ist undenkbar", so ruft man von verschiedenen Seiten uns entgegen. „Oder doch unbeweisbar", setzt ein Andrer hinzu. „Oder wenigstens ohne Bedeutung", läßt sich ein Dritter vernehmen. Sie können nicht erwarten, daß wir diese Frage ausführlich besprechen. Die Für und Wider wurden in den letzten Jahren zu wiederholten Malen beleuchtet, so daß es vielleicht genügen kann, die Acten kurz zu resumiren. Es ist indessen doch besser Etwas zu sagen, als durch Schweigen das früher Gesagte unvollständig und ungenügend zu lassen. Mit einer kurzen Beleuchtung der drei genannten Bedenken, die nicht allein gegen die johanneischen, sondern gegen alle evangelischen Wundererzählungen erhoben werden, wollen wir diesen Vortrag beschließen.**)

„Undenkbar" — das ist das erste Wort, womit jetzt so Mancher die Berichte auf die Seite schiebt, die ihm mittheilen, es sei Wasser

---

*) So schreibt auch der kräftigste Vertreter der Tübinger Schule nach dem Tode Baurs, E. Zeller, in seinen Vorträgen und Abhandlungen geschichtlichen Inhalts 1865 S. 491, daß er mit seinen Geistverwandten die Wirklichkeit eines Ereignisses, wie der Auferstehung Christi, nicht glauben könne „wenn sie auch noch so stark bezeugt wäre."

**) Bei der völligen Unmöglichkeit, die Wunderfrage hier nach Gebühr zu behandeln, verweisen wir außer auf die in unserm Leven van Jezus 1. Thl. S. 257 und 311; 2 Thl. S. 32 ff. angeführte Literatur, besonders auch auf die treffliche Abhandlung von Prof. Zöckler in Greifswald, über die Bedeutung des Wunders in Natur und Geschichte, vorkommend in der apolog. Zeitschrift: Der Beweis des Glaubens 1866 S. 65—85; und auf die Monographie von F. L. Steinmeyer, die Wunderthaten des Herrn in Bezug auf die neueste Kritik, Berl. 1866, der namentlich auch über die Auferweckung des Lazarus S. 197—210 sehr viel Wichtiges mittheilt.

in Wein verwandelt, Brod und Fisch vermehrt, ein Blindgeborner geheilt, ein Todter auferweckt worden. Der moderne Geist hat sich seit den letzten Jahren — oder muß ich von Monaten reden — auf eine Höhe gestellt, auf welcher er die Wunderfrage so tief unter sich sieht, daß er sie keines Blickes mehr würdigt. Sie erscheint wie eine geschleifte Festung, an welcher der siegreiche Feldherr mit seinen Truppen vorbeizieht, wenn auch da und dort noch ein einzelner Invalide sich birgt. Nur schade, daß man an dieser Festung wohl vorbeiziehen, sie aber nicht aus dem Wege räumen kann, und daß die vermeintlichen Invaliden so unverschämt und unverbesserlich sind, dann und wann noch einen Schuß zu thun, und — nicht immer in die Luft. Wir werden wohl die Einzigen nicht sein, die vermuthen, daß die Großmuth, mit welcher jetzt Der oder Jener dieser Frage aus dem Wege geht, keine Kraft, sondern Schwachheit verräth, und mehr für die Taktik als für die Gewissenhaftigkeit der Gegner beweist. Das steht fest, daß wenigstens der Empiriker kein Recht zu dem Machtspruch: unmöglich! hat. Denn nichts anderes als ein Machtspruch ist doch diese Behauptung auf empirischem Gebiete; die empirische Philosophie nimmt wahr, was durchgehends zu geschehen pflegt; aber wenn sie an ihrem Theile mitsprechen will über das, was geschehen kann oder nicht, so setzt sie ihren Fuß auf speculativ-philosophisches Gebiet, welchem doch ihre Vertreter als einem Gebiete voll Dunst und Nebel auszuweichen pflegen. Hier dürfte wohl die Geißelung des Dichters nicht unpassend sein:

> „Was lassen sie denn übrig zuletzt,
> Jene unbescheidenen Besen?
> Behauptet das Heute steif und fest:
> Gestern sei nicht gewesen."

Daß man jedoch zu dem Satze, was heute nicht geschieht, hat gestern nicht geschehen können, wenigstens auf empirischem Standpunkte kein Recht hat, braucht wohl kaum erst erinnert zu werden. Kein Wunder, daß das Wort „unmöglich" hier allmälig leiser und leiser ausgesprochen wird, so laut es auch in manchen Herzen noch ertönen mag. Dann allein kann man das Wunder unmöglich nennen, wenn man verkennt, daß noch eine andere, höhere Ordnung der Dinge besteht, als die, worauf der gewöhnliche Lauf der Dinge uns hinweist; die Leugnung des Wunders ist im Grunde die Leugnung des Uebernatürlichen. Es gibt einen Wunderbegriff, über den auch wir keinen Augenblick anstehen das Wort „unmöglich" auszusprechen. Wenn man das Wunder beschaut als rein willkürliches Eingreifen Gottes in die bestehende Ordnung der Dinge, als eine Verletzung der Naturordnung, deren Bestimmtheit und Regelmäßigkeit mit Recht die höchste Bewunderung erregt, mit einem Worte, als durchaus widernatürlich und eben darum gewiß widergöttlich — dann ist es so schwer nicht, solch einen Wunderglauben mit einem Federstrich in die Welt der Ammenmärchen zu verweisen. Aber gegen solch einen Wunderbegriff zu polemisiren ist wohl betrachtet nichts weniger als großmüthig, weil er von keinem denkenden Geiste mehr vertreten wird. Ganz anders wird die Sache, wenn das Wunder betrachtet wird als nicht im Streit mit der ganzen Natur, sondern mit der uns bekannten Natur; als augenblickliche Abweichung von der gewöhnlichen Ordnung der Dinge auf den Wink eines allmächtigen, weisen, heiligen Willens; als eine besondere Offenbarung dessen, der seinen Ehrfurcht gebietenden Zweck auf gewöhnlichen und außergewöhnlichen Wegen erreicht. Ob solch ein Wunder möglich ist? Diese Frage wird verschieden beantwortet werden müssen, je nachdem man von einem verschiedenen Gottesbegriffe ausgeht. Stehe ich auf deistischem Standpunkte, und betrachte ich Gott nicht bloß als unterschieden, sondern als geschieden von der Welt, als Einen, der das Universum wie ein Uhrwerk nach seinen eigenen Gesetzen ablaufen läßt, dann kann ich mir keine Wunder denken, ohne daß die ganze Beziehung zwischen Gott und Welt eine andere wird. Bin ich Pantheist oder Naturalist, und leugne also einen persönlichen Gott, der als Geist über dem Kosmos erhaben ist, dann versteht es sich von selbst, daß ich um jeden Preis Alles als bloß natürliches Product rein endlicher Ursachen erklären muß, und daß ich, wo ich etwas Unbegreifliches sehe, höchstens staunend stillstehen, aber niemals bekennen kann: hier ist ein Wunder geschehen. Ist aber dagegen der Gottesbegriff des christlichen Theismus auch der meinige, und erkenne ich also einen lebendigen, persönlichen Gott an, der, wenn auch unendlich über der Welt erhaben, dennoch mit ihr in beständiger und directer Beziehung steht; der nicht allein die ewige Kraft ist, durch welche Alles getragen, sondern der heilige Wille, durch den Alles regiert wird, und der keineswegs an die Gesetze, die er für das von ihm abhängige Geschöpf bestimmt hat, gebunden ist — dann, das sehen Sie selbst ein, dann kann ich wenigstens die Möglichkeit, daß Wunder stattfinden, nicht im Ernste bestreiten. Ob diese Möglichkeit in einem bestimmten Falle zur Wirklichkeit wurde, muß durch historisch-kritische Untersuchung sich näher ergeben, aber das Wort „undenkbar" kann man nur dann wiederholen, wenn unser Gott, um mit Heinrich Heine zu reden, ein

„pantheistisch eingeschnürter" Gott ist, der nur in dem Universum, nicht sich offenbart — er hat ja kein Sich, weil er nur ein Etwas, kein Jemand ist — sondern nach und nach offenbar wird in dem denkenden Geiste. Hat unser Gott wirklich Selbstbewußtsein und Freiheit (und wie sollte er ohne dies der absolute Geist sein können), dann müssen wir nothwendig die Naturgesetze und den Willen Gottes also unterscheiden, daß die ersteren durch letzteren bestimmt werden. Der sogenannte monistische Theismus, der einerseits die Persönlichkeit Gottes anerkennen will, aber andrerseits die Wunder leugnet, ist nach unserm Dafürhalten nur eine glückliche Inconsequenz, welche mehr dem Herzen als dem Verstande seiner Anhänger zur Ehre gereicht, und nothwendig entweder zurück zu einem abgenutzten Deismus, oder voraus zu einem trostlosen Pantheismus führen muß. Das Wunder ist im Grunde nichts anderes, als die Offenbarung der allmächtigen Freiheit einer heiligen Liebe, die durch ihr besonderes Eingreifen auf natürlichem Gebiete die sittliche Ordnung wiederherstellt, welche von dem Menschen in Folge sündlichen Mißbrauchs der ihm verliehenen Freiheit gestört ist. Weder die Unveränderlichkeit noch die Weisheit Gottes wird dadurch im Geringsten beeinträchtigt; das Wunder geschieht nicht zum Nachtheil, sondern zum Vortheil der ewigen Weltordnung, welche an erster Stelle sittlich, und — durch die Sünde zerstört ist. So wird die Frage: ob Wunder denkbar sind, mit andern Worten zur Frage: ob es denkbar ist, daß Gott eingreift zur Erlösung und Wiederherstellung einer durch die Sünde verdorbenen und unglücklichen Menschheit. Das Wunder unmöglich? Es sei so; aber dann gibt es auch keine besondere Heilsoffenbarung, ja eigentlich überhaupt keine Offenbarungsthat, sondern nur ein bloß subjectives Offenbarwerden Gottes. Dann gibt es auch keine andere Gebetserhörung, als die Anregung und Erhebung, die man betend sich selbst verleiht durch eine „gymnastique spirituelle", wie man sie nicht mit Unrecht nannte, und wobei besonders die Fürbitte für Andere der Gipfelpunkt aller Thorheit heißen darf. Dann ist auch keine Bekehrung denkbar, wenigstens nicht als Einpflanzung eines neuen Lebensprincips und als Anfang eines in Wahrheit neuen Lebens, sondern höchstens als Entwicklung des im Innern vorhandenen Guten auf bloß natürlichem Wege. Dann gibt es auch keine unabhängige Weltregierung, sondern allein die ewig unerschütterliche Weltordnung; dann auch keine Erschaffung aller Dinge im Anfang der Zeit aus Nichts durch einen allmächtigen Willen. Die Leugnung des Wunders muß von selbst zu der Absurdität einer

sogenannten ewigen Schöpfung führen, und diese wiederum zu einer bloß
natürlichen Entwicklungstheorie eines Dinges aus dem andern, des Menschen aus dem Affen, des organischen Stoffes aus dem anorganischen,
dieses vielleicht aus den Atomen, und der Atome aus was? Hier stehen
wir gerade auf demselben Punkte, wie die Philosophie in ihrer zarten
Kindheit, und der systematische Bestreiter des Wunders ist mit Blindheit geschlagen, wenn die erste aller Fragen zur Sprache kommt. O
wahrlich, die Theorie des eisernen Causalnexus auf natürlichem und
sittlichem Gebiete, wo nirgends für die Freiheit des ewig lebendigen und
wirkenden Gottes ein Fingerbreit übriggelassen wird, sie rächt sich mit
furchtbarer Strenge. Das Ende dieser Leugnung wird sein, daß die
Grabesglocken zusammenläuten über Religion und Philosophie zugleich,
denn sie waren, und sind nicht mehr. Ja auch die Moral ist nicht
sicher mehr, und ich begreife es vollkommen, daß nicht nur ein Gelehrter wie Richard Rothe in solchen Erweisungen göttlicher Allmacht
keine Schwierigkeit sieht\*,) sondern daß so Mancher mit ihm, dem es
um Religion als erstes Bedürfniß für den Menschen, und um Christenthum als besondere Heilsoffenbarung für den Sünder zu thun ist, sich
den Glauben an Wunder um keinen geringeren Preis rauben läßt, als
um den er den Glauben an einen lebendigen Gott verleugnen würde,
ohne dessen persönliche Gemeinschaft er unmöglich leben, ohne dessen
Gnade er nicht in Frieden sterben kann.

„Könnten sie doch nur bewiesen werden", so seufzt vielleicht der
Eine oder der Andere. Erlauben Sie mir die Gegenfrage: Was
verstehen Sie denn unter beweisen? Verlangen Sie einen mathematischen
Beweis auf historisch-religiösem Gebiete? Oder verlangen Sie, daß der
Wunderthäter sich gehörig legitimiren solle vor einer Commission, er-
nannt von oder zusammengesetzt aus Männern wie Strauß und Renan?
Aber ein Thaumaturg, der sich auf solche Weise behaupten müßte, wäre
gewiß alles Andere eher, als ein Gesandter Gottes, als ein Bote der
Wahrheit und des Lebens. Würde nicht manches Mitglied dieses Ge-
richts seine Forderungen immer höher und höher spannen, und würde

---

\*) Der tiefe und geistvolle Heidelberger Professor R. Rothe hat in seiner ausge-
zeichneten Schrift: Zur Dogmatik S. 66 ff. eine Deduction und Vindication
des Wunderglaubens auf christlich-theistischem Standpunkte gegeben, welche nicht
ernstlich genug empfohlen werden kann, besonders denen, welche unermüdlich
behaupten, daß kein „denkender" und „gewissenhafter" Mann mehr an Wundern
festhalte.

eine Ueberzeugung, die man auf solche Weise gewinnt, etwas gemein haben mit religiösem Glauben? An Wunder glauben, das gestehen Sie wohl zu, das heißt doch nicht bloß anerkennen, daß auf einen gewissen Tag an einem gewissen Orte z. B. ein Todter auferstanden ist, sondern vielmehr, daß Gott dort und damals diesen Todten auferweckt hat, sei es unmittelbar, sei es durch Vermittlung seiner Diener; mit andern Worten, der ächte Wunderglaube ist zugleich religiöser Glaube. Allein solch ein Glaube läßt sich wohl wecken, wohl stärken, wohl mit vernünftigen und sittlichen Gründen rechtfertigen, aber nie läßt er sich auf solche Weise demonstriren, daß für den, der die Prämissen nicht zugibt, und den Consequenzen um jeden Preis ausweichen will, kein Ausweg mehr übrig bliebe. Genug, daß das Wunder wie die Sonne in eigenem Glanze sich offenbart für ein einfältiges Auge und ein empfängliches Gemüth. Oder will Jemand behaupten, daß wir ja alle Gesetze der Natur nicht kennen, und also wohl im Stande sind nachzuweisen, daß Etwas ungewöhnlich, aber nicht daß es eine göttliche Wunderthat war? Aber soviel kennen wir doch wohl von den Naturgesetzen, um sagen zu können, daß z. B. die Wunder, welche Johannes erzählt, sich unmöglich aus dem gewöhnlichen Lauf der Dinge erklären lassen. Die evangelischen Wundererzählungen sind nicht von der Art, daß wir lange zögern müssen zu sagen: wie sonderbar, oder auch: wie wunderbar! Sie sind überdies gewöhnlich mit einem Worte gepaart, das uns zwingt, in dem Wunder zugleich das Zeichen höherer Wirkung zu sehen, und sind die Offenbarung einer Persönlichkeit, die in sittlicher Hinsicht Vertrauen weckt und verdient. Ohne Zweifel, nach Jesu eigenen Worten konnten auch falsche Wunder geschehen (Matth. 24, 24), und nirgends ist kolossalerer Betrug verübt worden und geglückt, als auf diesem geheimnißvollen Gebiete. Darum bleibt der Wunderglaube auch immer Wunderglaube; darum ist doppelt Behutsamkeit nöthig, um zuzusehen, was man eigentlich, und auf welchen Grund hin man Etwas als wunderbar annimmt; darum wird sich auch die Frage nicht abweisen lassen, ob es wohl Zeichen gebe, an denen man das ächte Wunder im Unterschiede von dem falschen erkenne. Aber wie das Bestehen falschen Geldes viel mehr für als gegen das ursprüngliche Vorhandensein des ächten beweist, so bringt und berechtigt gerade das vorgebliche Mirakel umsomehr zu der Vermuthung, daß hier und da wohl auch ächte Mirakel stattgefunden haben. Ob dies wirklich der Fall gewesen ist in dem Kreise, den wir an der Hand der Evangelisten betreten, ist eine Frage, die nur unparteiisch-historische Kritik, von dogmatisch-philosophischer wohl zu unterscheiden, gehörig beantworten kann. Sie verlangen nicht von uns, daß wir in wenigen Augenblicken die Glaubwürdigkeit auch nur von einigen evangelischen Wundererzählungen vollkommen genügend sicherstellen. Aber wünschen Sie, daß wir in weiten Umrissen den Weg angeben, auf dem nach unserm Dafürhalten dieser Beweis nach den Bedürfnissen der Gegenwart noch immer mit gutem Erfolge versucht werden kann, so kann diese Andeutung uns ebensowenig schwer fallen, als für Sie ohne Interesse sein.

Um zu dem bewußten Ziele zu gelangen, muß man nach unserer Ansicht mit dem Christenthume als welthistorischer und weltreformirender Erscheinung beginnen. Niemand kann leugnen, daß mit diesem Christenthume eine neue sittliche und religiöse Macht in der Welt aufgetreten ist, welche das frühere Aussehen derselben ganz und gar verändert hat. Für den, der die Geschichte gründlich und unparteilich untersucht, wird es stets deutlicher, daß dieses Christenthum sich unmöglich als bloß natürliches Resultat etwa der damaligen jüdischen oder heidnischen Religion, oder als Resultat des philosophischen Denkens der Jahrhunderte begreifen läßt; wie es denn auch noch Niemand geglückt ist, die monotheistische Eigenthümlichkeit des israelitischen Volkes, woraus das Christenthum emporgekommen ist, auf bloß natürlichem Wege zu erklären. So kommen wir denn mit Recht auf die Vermuthung, daß wir es hier mit der Frucht einer besondern Offenbarung zu thun haben, und diese Vermuthung wird bestärkt, wenn wir wirklich (um von späteren Zeichen nicht zu reden) in den zwei ersten Jahrhunderten nach Christo mannigfache Erscheinungen auch auf dem natürlichen Lebensgebiete antreffen, die merklich von dem, was die gewöhnliche tägliche Erfahrung lehrt, abweichen. \*) Die Wunder des nachapostolischen Zeitalters sind wie das dämmernde Abendroth einer Sonne, die untergegangen, aber nicht verloschen, und noch viel weniger vergessen ist. Die glaubwürdigsten Zeugen aus dieser Periode weisen auf eine frühere, als eine Zeit von noch viel zahlreicheren und glänzenderen Wunderthaten zurück. So erzählt z. B. Quadratus, ein christlicher Apologet zu Anfang des zweiten Jahrhunderts, von dessen Schrift uns der Kirchenvater Eusebius ein Fragment aufbewahrt hat, daß noch zu seiner Zeit manche von den Kranken lebten, die von Jesu geheilt, Todte, die von ihm auf-

---

\*) Vgl. den Aufsatz von Tholuck, Vermischte Schriften I Ueber die Wunder der katholischen Kirche, u. s. w. bes. S. 28—49.

erweckt waren. *) Treten wir, immer weiter zurückgehend, aus dieser Umgebung in den Vorhof des apostolischen Zeitalters, so genügen schon die wenigen Briefe, welche die meist negative Kritik sich genöthigt sah uns zu lassen, um zu beweisen, daß die älteste christliche Zeit ein Schauplatz von Wundern war. „Der euch den Geist reicht, und thut solche Thaten unter euch", schon dieses Wort hält Paulus für genügend, um die Galater aufs Tiefste zu beschämen **), und er selbst, vorzugsweise der Apostel des vernünftigen Gottesdienstes und des gesunden Verstandes, kann seinen Widersachern in Korinth gegenüber es behaupten, daß durch ihn „eines Apostels Zeichen geschehen sind mit Zeichen, und mit Wundern, und mit Thaten" (2. Kor. 12, 12), sodaß er auch in diesem Punkte keineswegs weniger, als einer der ausgezeichnetsten Apostel war. Die ganz außergewöhnlichen mancherlei Gaben, welche in demselben Korinth zum Vorschein kamen, sind allgemein bekannt. Genug, das Wunder war nicht nur die Signatur der Gemeinde, sondern das Siegel des Apostelamts, der ausgezeichnetsten Apostel, namentlich des Paulus. Dieser Paulus hat Wunder verrichtet und — erfahren. Er beruft sich auf Gesichte und Offenbarungen, durch die ihm mitgetheilt wurde, was er bestimmt und mit Selbstbewußtsein von seiner eigenen Einsicht und Meinung unterscheidet. ***) Er selbst ist ein sittliches Wunder, wenn wir sein Leben als Christ seiner Vergangenheit gegenüberstellen; ein Wunder, zu dem er uns diesen Schlüssel gibt, daß er den gestorbenen und von ihm verfolgten Christus lebend gesehen habe. Selbsttäuschung — das läßt sich historisch-psychologisch beweisen — ist hier ebenso undenkbar, als Betrug durch Andere. †) Dieser Paulus nun verkündigt nur wenige Jahre nach seiner Bekehrung u. A. in Korinth, was er etwas später in einem Briefe an dieselbe Gemeinde wiederholt, daß Christus gestorben, begraben, „am dritten Tage" auferstanden, einer Anzahl seiner Freunde erschienen sei. Die Art und Weise, wie er dies thut, macht es jedem unparteiischen Ausleger unmög-

---

\*) Siehe unser Leven van Jezus II S. 309.
\*\*) Gal. 3, 5; vgl. 1 Kor. 12, 9; Hebr. 2, 4.
\*\*\*) 1. Kor. 7, 10, 12, 40; 1 Thess. 4, 15 u. a.
†) Auch nach Allem was darüber in letzter Zeit von Seiten der Gegner behauptet und verkannt wurde, lese man die treffliche Abhandlung von Professor S ch u l t z in Königsberg: Das Zeugniß des Apostels Paulus von der Auferstehung des Herrn, gegenüber den Ansichten von Schenkel und Strauß, in der Zeitschrift: Der Beweis des Glaubens 1866 S. 33—49.

lich, hier an etwas Anderes, als an ein leibliches Auferstehen und Hervorkommen aus dem Grabe zu denken. Als Zeuge dieser Wunderthatsache steht er neben Andern, neben allen Aposteln. Es ist keiner unter ihnen, der sich nicht persönlich dafür verbürgt, und zwar, soweit wir nachforschen können, vom ersten Tage an, wo das Christenthum in der Welt zum Vorschein tritt. `Ihr Glaube und der Glaube der ganzen jungen Gemeinde ist durchaus unerklärlich, wenn er nicht auf Thatsachen sich gründet. So viele und solche Zeugen können unmöglich sich zu einer visionären Anschauung dessen erhoben haben, was sie ebensowenig glaubten als erwarteten; der Hunger kann wohl nach Brod verlangen, es aber nicht schaffen. Selbst der Unglaube hat es anerkennen müssen: „Nur das Wunder der Auferstehung konnte die Zweifel zerstreuen, welche den Glauben selbst in die ewige Nacht des Todes verstoßen zu müssen schienen." \*) Jesus muß also wirklich auferstanden sein, wie im Vereine mit allen Aposteln Paulus, wie namentlich auch Johannes, welchen wir nach all dem Gesagten wohl als einen glaubwürdigen Zeugen über Jesu Lebensgeschichte zulassen dürfen, verkünden. Auch Johannes erzählt zweifelsohne eine leibliche Auferstehung des gestorbenen Heilandes. Glaubt man für seine Person dieses unverwerfliche Zeugniß zurückweisen zu können oder zurückweisen zu dürfen, man thue es. Nur zwinge man den Apostel nicht, etwas Anderes zu erzählen, als er wirklich thut. Wir haben es bereits bemerkt: Alles was er von dem leeren Grabe, den vorgefundenen Schweißtüchern, dem Besuche am Grabe von sich, Petrus, Magdalena und Andern mittheilt, würde so zwecklos und überflüssig als nur möglich sein, wenn er in Betreff der leiblichen Auferstehung nicht vollkommen eins gewesen wäre mit den übrigen Aposteln. Wie würde ein Verfasser, der sich Jesum nicht als leiblich auferstanden vorstellte, je dazu gekommen sein, ihm jenes an Thomas gerichtete Wort in den Mund zu legen: „Reiche deinen Finger her, und siehe meine Hände; und reiche deine Hand her, und lege sie in meine Seite, und sei nicht ungläubig, sondern gläubig?" Ja mehr noch, würde derselbe Verfasser die Erscheinungen des Auferstandenen unter den von ihm verrichteten Zeichen erwähnt haben (Kap.

---

\*) Baur, das Christenthum der drei ersten Jahrhunderte S. 39. Ueber Grund und Bedeutung des Glaubens an die Auferstehung des Herrn vgl. man die 4. der trefflichen Conferences sur l'humanité du Christ, betitelt: le Fils de l'homme von F. Coulin, 1866 p. 141 ff.

20, 30), falls dieselben in seinen Augen nicht einen wunderbaren Charakter besessen, d. h. das Merkmal wirklicher, leiblicher Auferstehung getragen hätten? Ein Christus, der wie alle übrigen Menschen dem Leibe nach todt bleibt, dem Geiste nach unsterblich fortlebt, und nach seinem Tode spukt (um einen Ausdruck von Strauß\*) gegen Schenkel zu gebrauchen) ist doch gewiß der Christus nicht, den das vierte Evangelium zeichnet!

Sind wir so aufgestiegen bis zur höchsten Spitze in der Gebirgskette der Wunder, zur leiblichen Auferstehung des Herrn, so haben wir damit zugleich einen festen Stützpunkt gewonnen, von dem aus das heftig bestrittene Wundergebiet schrittweise wieder erobert werden kann. Haben wir doch jetzt die thatsächliche Offenbarung einer höheren Ordnung der Dinge, einer übernatürlichen Macht, deren Dasein oder Wirken a priori für undenkbar zu halten wir nicht berechtigt sind. Aber jetzt auch steht Christus selbst in einem Lichte vor unsern Augen, wobei es möglich, ja wahrscheinlich wird, daß Er, der so den Tod besiegen konnte, auch die Macht der stofflichen Welt zu beherrschen vermochte. Das an ihm geschehene Zeichen macht es denkbar, daß auch durch ihn Thaten verrichtet sein können, die allgemein menschliches Vermögen unendlich weit übersteigen. Daß dies wirklich der Fall gewesen ist, sagt uns seine von zuverlässigen Zeugen aufgezeichnete Lebensgeschichte. Was nun ferner die Glaubwürdigkeit der einzelnen Erzählungen betrifft, so ist es nicht schwierig, hinter einige derselben, sobald man sie isolirt, ein größeres oder kleineres Fragezeichen zu setzen. Aber wie zeigt sich allmälig Alles in einem ganz andern Lichte, wenn man die Wunderthaten des Herrn im Lichte seiner eigenen Aussagen über sich selbst betrachtet, und von diesem Mittelpunkt aus alle Punkte des heiligen Kreises übersieht! Alsdann ergibt es sich gewöhnlich, daß, was an und für sich betrachtet mit Recht Mißtrauen erwecken könnte, in diesem Zusammenhange und bei dieser Persönlichkeit das Gepräge der Schönheit, Wahrheit und Bedeutsamkeit trägt. Und wenn wir dann nun auf Einzelheiten eingehen und bemerken, wie viele fein-psychologische Züge der Wahrheit diese Wundererzählungen an sich tragen; wie unzertrennlich der Verband zwischen den Worten und den Thaten des Herrn im vierten Evangelium

---

\*) Man vergl. seine vernichtende Persiflage der Schenkel'schen Phantasie (die von gewisser Seite wohlweislich ignorirt worden ist) in seiner Streitschrift: Die Halben und die Ganzen, Berl. 1865 S. 57 ff.

sowohl, wie in allen übrigen ist; wenn wir wahrnehmen, ein wie großer Abstand zwischen den kanonischen und den apokryphischen Wundererzählungen von Jesu sich nachweisen läßt; und wiederum, welch eine Verschiedenheit zwischen seinen Zeichen und denen anderer, wirklicher oder vorgeblicher Wunderthäter, ich erinnere bloß an einen Apollonius von Thana, Mohamed u. a., sich darbietet — verehrte Versammlung! müssen wir Ihnen noch erst voraussagen, welches alsdann das Resultat einer solchen unbefangenen, gewissenhaften Untersuchung sein wird? Ich glaube Sie haben es von selbst schon errathen, und denken nicht mehr daran, das abgedroschene Bedenken einzuwerfen, daß wir dann auch alle späteren Wundererzählungen z. B. die der römischen Kirche annehmen müßten. Was letztere betrifft, so werden Sie es wohl bemerkt haben, daß wir nicht zu denen gehören, welche glauben, die Wundergabe sei bei dem Hingang des letzten Apostels unbedingt zurückgenommen worden. Was man von spätern Wunderthaten berichtet, wollen wir ebenso unparteiisch untersuchen wie die heilige Geschichte, und wofern äußere und innere Gründe uns ebenso genügend erscheinen, es auch ebenso bereitwillig anerkennen. Aber ergibt sich, daß spätere Wundererzählungen in sehr vielen Fällen nur fingirt sind, nie und nimmer werden wir dulden, daß man ein solches Luftschloß zum Range eines Zeughauses erhebe, aus welchem unehrliche Waffen gegen die unbezwingbare Veste der evangelischen Wundergeschichte entlehnt werden könnten.

Was bestreitet man uns denn trotz alledem noch länger unser gutes Recht auf den Namen Jünger einer gläubigen Wissenschaft, weil wir noch immer an Wundern festhalten? Gewiß, unsre Kenntniß der Natur ist seit achtzehnhundert Jahren unermeßlich erweitert worden, aber sie hat uns noch nicht zu der Ueberzeugung gebracht, daß Christus und Christenthum ohne Beruf auf höheres Eingreifen befriedigend erklärt werden können. Kennen wir die Natur gegenwärtig besser, als man sie früher kannte, und müssen wir gleichwohl zugeben, daß diese Dinge geschehen sind, so ist dies noch ein Grund mehr, hier nichts Geringeres, als den Finger Gottes zu sehen. Die Evangelisten waren freilich einfache Leute, nicht argwöhnische Kritiker; aber sie kannten etwas Besseres, als eine gewisse Art heutiger Kritik, sie hatten heiligen Wahrheitssinn. Wer Jesum so hoch stellt, so tief verehrt wie sie, konnte auch über ihn als Wunderthäter unmöglich so unsinnig phantasiren, so schamlos lügen, wie ihre Gegner es ihnen andichten wollen. Auf ihr Zeugniß nehmen wir als historisch bewiesen an, was wir nicht leugnen können, ohne uns in unendlich größere Schwierigkeiten zu stürzen, als die sind, welche der Wunderglaube im Gefolge hat. Kritik — o gewiß, wir erkennen gerne ihr Recht an; aber die Kritik, gegen die wir streiten, ist nicht wahrhaft frei, sondern schlechthin unfrei; sie wird beherrscht von philosophischen Principien, nein, von philosophischen Vorurtheilen. Und gegen dieses unerlaubte Vermischen wahrer Geschichte und falscher Philosophie werden wir protestiren, so lange uns Gott eine Stimme zu reden vergönnt.

Wir fassen das Gesagte zusammen. Man muß viel größere Wunder, nein, Ungereimtheiten annehmen, wenn man das Wunder der evangelischen Geschichte bestreitet. Indeß, vielleicht verdient es die Sache kaum, daß wir ihretwegen den Harnisch anlegen? „Die ganze Wunderfrage", wirft man endlich ein, „ist doch im Grunde ziemlich ohne Bedeutung. Wozu länger streiten über Dinge, die nach so vielen Jahrhunderten doch unmöglich mehr zu allgemeiner Zufriedenheit ausgemacht werden können? Jesus bleibt für mich, was er auch früher war, glaube ich auch nicht, daß er leiblich auferstanden ist; und bezweifle ich auch, daß einmal Wasser in Wein verwandelt, oder einem Blindgebornen die Augen geöffnet wurden, davon wird wohl die Seligkeit nicht abhängen." Was sollen wir auf ein solches Raisonnement antworten, worin, wie es mir immer vorkommt, Wahrheit und Irrthum vielleicht unbewußt, aber eben darum doppelt gefährlich vereinigt liegt? Die Wunder ohne Bedeutung! Mir will es scheinen, als glaubten diejenigen, die das sagen, es wohl selber nicht. Daß sie zum Mindesten in den Augen des Johannes nicht ohne Bedeutung waren, kann aus fast jeder Seite seines Evangeliums erhellen.\*) Daß sie es auch in Jesu Augen nicht waren, ergibt sich aus seinen eigenen Aussprüchen, wie wir sie sowohl bei Johannes als bei den Synoptikern antreffen. Es ist in der That merkwürdig, mit welch argloser Naivetät die Wunderleugner sich selbst und uns überreden wollen, sie hätten bei dieser Geringschätzung seiner Zeichen den Herrn selbst auf ihrer Seite, welcher ja dergleichen Thaten keinen besondern Werth beimesse. Wie, weil der Herr auch gesagt hat, es würden in seinem Namen Zeichen geschehen von falschen Propheten, darum hat er gewiß nicht gesagt: „die Werke, die ich thue — wozu doch auch die Wunder gehören — zeugen von mir, daß mich der Vater gesandt habe" und wiederum: „gehet hin und saget Johanni wieder, was ihr sehet und

---

\*) Joh. 1, 50; 2, 11; 3, 2; 4, 29; 5, 36; 10, 25; 20, 30. 31.

höret", und wiederum: „thue ich nicht die Werke meines Vaters, so glaubet mir nicht, thue ich sie aber, glaubet doch den Werken, wollt ihr mir nicht glauben"? \*) Weil Jesus mehr als einmal die Wundersucht tadelt, darum sollte es uns schließlich ziemlich gleichgültig sein dürfen, daß Gott das Evangelium seines Sohnes bezeugte mit Zeichen und mit Wundern und mit Thaten? Das gebe ich zu, daß der Eindruck der Wunder für uns nicht mehr so kräftig sein kann, als für die Zeitgenossen des Herrn, aber ihre Bedeutung hat sich darum doch keineswegs vermindert. Wie könnte es auch möglich sein, daß diese Dinge wirklich geschehen, mit directer Beziehung auf unsere Erlösung geschehen, und auf so unbestreitbare Weise bestätigt sind, und dennoch auf die Dauer keine andere Merkwürdigkeit besitzen sollten, als die, räthselhafte Antiquitäten zu sein! Die Wahrscheinlichkeit wenigstens spricht nicht zu Gunsten dieser Auffassung und ebensowenig die Erfahrung so Vieler aus früherer und späterer Zeit, denen diese Zeichen im vollsten Sinne Wegweiser zu Christo geworden sind. Gewiß kann der historische Wunderglaube an sich Niemand selig machen; wer hat auch je eine solche Thorheit behauptet? Aber ohne den demüthigen Glauben an Jesum Christum als den Sohn Gottes, der um unsrer Sünden willen dahingegeben, und um unsrer Gerechtigkeit willen auferweckt ist; als den, der wirklich solche Zeichen, wie das Evangelium uns berichtet, wenigstens thun konnte; ohne diesen Glauben können und werden wir nicht selig werden. Die Phrase: „ich glaube an Christum, gleichviel ob Wunder geschehen sind, oder nicht", ist eine sehr oberflächliche, und bekundet eher eine gewisse gutmüthige, optimistische Gesinnung, als eingehendes Nachdenken. Jetzt kann man wohl an Jesum, wie man sich ihn vorstellt, glauben und bei diesem Glauben verharren, sollte auch das Wunder wegfallen; aber würde man auch ohne dasselbe auf ihn aufmerksam geworden, zu ihm hingeführt, ihm zu Füßen gesunken sein? „Jesus bleibt mir derselbe" — dies besagt nicht soviel als es scheint, so lange Jesus uns, offen und rund heraus gesagt, nur erst der Sokrates Israels, das Ideal der Menschheit, das religiöse Genie ist. Ohne Zweifel, bei diesem Jesus wird es uns schließlich ziemlich gleichgültig, ob er neben manchem Seltsamen und Großartigen auch zuweilen einmal einzelne Kranke geheilt, oder gar einige Schritte auf den Meereswogen gethan, oder nicht. Allein dieser Jesus, bedarf es noch eines Nachweises? ist

---

\*) Matth. 24, 24; vgl. 11, 2—6, 20—24. Joh. 5, 36; 10, 37. 38.

der Jesus der gesammten christlichen Kirche, der der Reformatoren und Märtyrer, ist der Jesus der Evangelisten und Apostel nicht. Mit dem Glauben an den letztgenannten, dem allein seligmachenden Glauben, steht auch die Anerkennung seiner göttlichen Wundermacht, die sich in zahlreichen Thaten verherrlicht hat, in natürlichem und innigem Zusammenhange. Es ist selbst nicht ganz richtig, wenn man sagt: „Wir glauben nicht mehr um der Wunder willen an Jesum, sondern um Jesu willen glauben wir nun auch an die Wunder." Das Erste ist ebenso wahr als das Zweite, und Eins schließt das Andere nicht aus. Betrachten wir Jesum im Lichte seiner eigenen Aussprüche, so fällt es uns nicht schwer, auch seine Wunder anzunehmen. Aber andrerseits rechtfertigt ein Berufen auf diese Wunder, mit andern Beweisen vereint, unsern allerheiligsten Glauben, und immer noch trägt die Betrachtung dieser Wunder dazu bei, diesen Glauben zu stärken. So bleiben sie auf der einen Seite die unverdächtige Legitimation seiner höheren Sendung; auf der andern die adäquaten Offenbarungen der Herrlichkeit seiner erhabenen Person, die Ausstrahlungen der Sonne der geistigen Welt, die unsre Augen zwar blenden, in Bezug auf die Sonne selbst aber viel natürlicher sind, als das Fehlen solcher Zeichen bei solcher Erscheinung sein würde. Aber hier, wie Sie merken, nähert sich unsre Betrachtung dem Punkte, wo die Frage: „was glaubst du von den Wundern" in die andere übergeht: „Was glaubst du von dem apostolischen, was speciell von dem johanneischen Christus"? Der Besprechung dieser Frage soll unsre folgende und letzte, keineswegs unwichtigste Betrachtung gewidmet sein. Für jetzt können wir alles Gesagte nicht besser zusammenfassen, als in dem Dichterworte eines genialen, uns befreundeten Theologen: *)

<blockquote>
Solch ein Vorland ist das Edle, Hügel sind die frommen Werke,<br>
Bergreih'n sind des Glaubens große Strebungen in Gottes Stärke;<br>
Doch in Christi großen Wundern, da beginnt die Alpenwelt,<br>
Die der Auferstehungsgipfel überstrahlt und rings erhellt!
</blockquote>

---

*) Joh. Pet. Lange.

# IV.
## Der johanneische Christus.

> „Auch die Angriffe der neuen Kritik mit ih=
> ren wunderlichen exegetischen Operationen und
> Divinationen, in welchen sie den Keim der Ver=
> eitelung tragen, werden dem Bereiche der ver=
> gangenen Dinge anheimfallen, und wenn sie
> begreiflicher Weise mit ganz besonderem Eifer
> und mit allem Aufwand von Gelehrsamkeit und
> Scharfsinn gegen das Johanneische Evangelium
> sich gerichtet haben, so werden sie gleichwohl
> grade diesem Adler nicht einmal eine Feder in
> seinen mächtigen Schwingen brechen."
> 
> H. A. W. Meyer.

In der zweiten Hälfte des 16. Jahrhunderts brach für einen Jüngling aus angesehener Familie Frankreichs ein unvergeßlicher Augenblick an. Kaum fünfzehn Jahre alt, ward er von verblendeten Führern auf den Weg des Unglaubens und der Gottesleugnung geführt, und schon begann die Schlangensaat auf dem unbewachten Acker ihre unheilbringenden Früchte zu tragen. Bekümmert um sein ewiges Seelenheil hatte der gottesfürchtige Vater das neue Testament auf dessen Studierzimmer niedergelegt, nicht ohne ein stilles Gebet, daß er es „nehmen und lesen" möge. Wirklich wollte es der Zufall, daß der Sohn dasselbe in einem müßigen Augenblicke zur Hand nahm. Da fällt sein Auge auf ein Blatt, das ihn dermaßen trifft, daß er, (es sind seine eigenen Worte,) „plötzlich die Göttlichkeit des Gegenstandes und neben der Majestät die Macht von Worten fühlt, die den Strom aller menschlichen Beredtsamkeit so unendlich weit überflügeln." „Ich bebte am ganzen Leibe", so fährt er fort, „meine Seele verstummte, und diesen ganzen Tag über fühlte ich mich so heftig angegriffen, daß ich mich selbst kaum wieder erkannte." — Noch in späteren Tagen sah er auf jene Stunde, als auf den entscheidenden Wendepunkt seines Lebens zurück; und den

Weg, der sich damals vor ihm eröffnete, hat er bis an sein Ende gewandelt. — Nicht ganz fünfundzwanzig Jahre später verkündigte er bereits das Evangelium der Reformation zu Antwerpen, während der Flammenschein des Scheiterhaufens, der seine Glaubensgenossen verzehrte, die Fenster des Versammlungssaales erleuchtete. Und als darauf im Jahre 1602 die Pest, die zu Leyden herrschte, auch ihn zum Schlachtopfer sich ersah, da wurde es allgemein anerkannt und betrauert, daß ein glänzendes Licht für Kirche und Schule am Himmel untergegangen war. Dieser Jüngling war unser berühmter Landsmann der Professor Franziscus Junius; jenes Bibelblatt trug die Aufschrift „Evangelium Johannis"; die Stelle war der Anfang des wohlbekannten ersten Kapitels: „Im Anfang war das Wort, und das Wort war bei Gott, und Gott war das Wort."*)

„Im Anfang war der Logos." Franziscus Junius war gewiß der einzige nicht, der damals und später noch die Majestät dieses Wortes fühlte; vielleicht weiß auch Dieser oder Jener unter uns, wenn auch in geringerem Grade, von einem ähnlichen Eindrucke zu erzählen. Aber, verehrte Zuhörer, glauben Sie nicht auch, daß diesen Einzelnen gegenüber unendlich Viele stehen, in deren Innerstem dieses Zeugniß des Johannes mehr Widerspruch als Wiederhall findet? Was uns betrifft, so vermuthen wir, daß die herrschende Zeitstimmung in diesem Punkte nicht in dem eben gehörten Bekenntnisse des Franziscus Junius ausgedrückt ist, sondern vielmehr in der bekannten Scene aus Göthe's Faust, einen Augenblick bevor letzterer der Stimme des Mephisto Gehör schenkt. Wie auf dem Scheidewege zwischen Himmel und Hölle nimmt er noch einmal den Grundtext des neuen Testamentes zur Hand, um ihn von neuem zu übertragen; aber schon bei dem ersten Satze steht er in peinlicher Verlegenheit still. „Im Anfang war das Wort." „Ich kann", so ruft er aus, „das Wort so hoch unmöglich schätzen, ich muß es anders übersetzen". Und nun schreibt er: „Im Anfang war der Sinn"; aber das klingt ihm doch auch nicht. Dann: „Im Anfang war die Kraft"; aber auch das befriedigt seinen Geist nicht. Endlich weiß er Rath und schreibt: „Im Anfang war die That."

---

*) Siehe diese interessante Einzelheit, von Franziscus Junius selbst erzählt in seiner Lebensbeschreibung, später eingefügt vor seine Opera, Genev. 1813, und u. A. mitgetheilt von J. A. Fabricius, Delectus Argumentorum etc. Hamb. 1725 p. 352—354.

Das Verlangen nach Handgreiflichem verhüllte sein Auge vor der höchsten Idee; die Schrift muß sich nach ihm fügen, wo er sich nicht vor ihr beugen will, und — doch Sie kennen das Ende des Weges, der auf solche Weise begann. O daß auch in dieser Hinsicht der Faust nie etwas Anderes gewesen wäre, als einzig das Product der schöpferischen Phantasie!

Der Zwiespalt zwischen dem modernen Bewußtsein und dem johanneischen Christus, — woher mag er entstanden sein, und auf welche Weise in jüngster Zeit eine solche Ausdehnung gewonnen haben? Es nimmt uns nicht Wunder, wenn Sie diese Frage, den bereits zurückgelegten Weg unserer Untersuchung noch einmal überschauend, nicht ohne schmerzliche Befremdung wiederholen. Läßt sich doch kaum eine größere Harmonie äußerer und innerer Beweise denken, als sich zu Gunsten des vierten Evangeliums anführen lassen. Wie relativ groß auch die Verschiedenheit zwischen diesem und den drei ersten Evangelien sei, von unversöhnlichem Widerspruch, was Cardinalpunkte anlangt, kann keinen Augenblick die Rede sein. Selbst die hier erzählten Wunder bieten keine andere ernstliche Schwierigkeit dar, als welche von Solchen, die das Uebernatürliche leugnen, gegen das biblische Wundergebiet überhaupt erhoben werden kann. — Und wenden wir unter all diesen Umständen unsern Blick auf die endlosen Buchten, in welchen die Gegner, um der Macht der Beweise zu entgehen, sich herumwinden müssen, so brauchen wir kaum Anstand zu nehmen, die Prophezeiung eines der trefflichsten Schrifterklärer unserer Zeit zu wiederholen: „daß die Kritik trotz allem Aufwande von Gelehrsamkeit und Scharfsinn nicht im Stande sein werde, diesem Adler auch nur eine Feder in seinen mächtigen Schwingen zu brechen".*) Und dennoch wird der Angriff immer wieder erneuert, und hartnäckig weigert man, den Vertheidigern einen bessern Namen als den von „Streitern für eine verlorene Sache" zuzugestehen? In diesem Falle muß auch die Ursache des Widerstandes noch tiefer liegen und auf einem andern Gebiete, als worauf wir uns bisher bewegten; es müssen sich hinter diesem Streite noch andere Antipathien verbergen, als diejenigen, welche wir näher haben kennen lernen. Welche? Lassen Sie einen der talentvollsten Wortführer der modernen Richtung Ihnen antworten. „Wir haben" erklärt Colani,**) „wir haben einen lebendigen, wahr-

---

*) H. A. W. Meyer.
**) F. Colani Jésus-Christ et les croyances Messianiques de son temps, Strasb. 1864 p. 169.

haftigen, menschlichen Christus nöthig. Diese Generation, fährt er fort, welche der Geist aus der Höhe wohl etwas mehr beseelt, als er die Unterthanen Constantins oder die Zeitgenossen des dreißigjährigen Krieges beseelt hat, diese Generation, welche nicht zu vergessen, das Kind achtzehnhundertjähriger christlicher Entwicklung ist, will als Meister eine wahrhaft geschichtliche Persönlichkeit, nicht ferner eine, die dem nebelhaften Gebiete theologischer Abstraction angehört. Sie will zum Erlöser einen Helden, der nicht ohne Kampf zum Siege gelangt ist. Sie wird an ihn nicht glauben, bis sie wie Thomas ihren Finger in die Nägelmale und die Hand auf die Wunde seines Herzens gelegt hat, d. h., bis sie die Narben gefühlt haben wird, welche der tägliche Kampf des geistlichen Lebens in der Seele des Menschensohnes hinterlassen hat.".

Dieser Forderung, behauptet man, kann der synoptische Christus noch zum Theil, der johanneische aber durchaus nicht entsprechen. Er mag sein, was er will, aber Fleisch von unserm Fleisch und Bein von unserm Bein ist er nicht. „Wohl mag", so fährt man fort, „wohl mag die Leugnung der Aechtheit des vierten Evangeliums großen Schwierigkeiten unterworfen sein, dieselben können gar nicht in Betracht kommen den Schwierigkeiten gegenüber, deren Lösung auch du, zwar wohlmeinender, aber machtloser Apologet, bisher noch gänzlich schuldig geblieben bist. Denn sieh'! es ist nicht diese oder jene Einzelheit seiner Geschichte, es ist die Hauptperson selbst, mit der ich mich nicht befreunden kann, — ich müßte denn Alles vergessen, was ich unter Mühe und Kampf beim Lichte der modernen Weltanschauung gelernt. Der Rahmen mag noch so prächtig sein, der Spiegel so klar, als nach so vielen Jahrhunderten nur möglich, — die Gestalt, die ich in diesem Glase gewahre, ist in einen Nebel gehüllt, welchen meine Auge nicht durchbringen kann. Vor einem vortrefflichen, religiösen Menschen kann ich Hochachtung haben, aber vor einem menschgewordenen Gotte, der stirbt und aufersteht, mich zu beugen — verzeihe, dafür bin ich doch ein wenig alt geworden, habe etwas zuviel gedacht, gehört, gelesen." Erkennen Sie diesen Ton wieder, verehrte Zuhörer, fast möchte ich fragen: haben Sie seinen Nachhall selbst je und je wie aus einem entlegenen Schlupfwinkel Ihres Herzens, in den Sie kaum einen Blick wagen, ertönen hören? Dann kann es Ihnen auch nicht räthselhaft sein, welche Betrachtung heute unsere Aufmerksamkeit in Anspruch nehmen und allem bisher Gesagten gleichsam die Krone aufsetzen soll.

Die johanneischen Wunder werden, wie wir bereits bemerkt haben, erst dann bis zu einem gewissen Grade begreiflich, wenn man sie als die natürlichen Ausstrahlungen einer mehr als irdischen Sonne, die in Christo der Welt erschienen ist, betrachten darf. Doch von den Strahlen zur Sonne selbst ist der Uebergang nicht bloß leicht, er ist auch natürlich, ja selbst unvermeidlich. In meinen Augen und sicher auch in den Ihrigen, würde etwas sehr Wesentliches an unserm Vortrage vermißt werden, wenn wir es versäumten, Ihre Aufmerksamkeit mehr speciell auf den johanneischen Christus zu lenken, der doch beim Lichte besehen auch dieses Kampfes Object und Mittelpunkt ist. In diesem Mittelpunkte concentrirt sich denn alles früher Gesagte, erst von diesem Mittelpunkte aus kann auch auf diesem Gebiete die volle Wahrheit erkannt werden. Ich will es eben so wenig versuchen, nach einem Johannes noch die Herrlichkeit dieses Bildes zu schildern, als ich mich vermesse die Hand an den Schleier zu legen, der es in mancher Hinsicht noch bedeckt. Einfach will ich mit Ihnen die Vorstellung von Christus besprechen, welche man in diesem Evangelium antrifft, und es versuchen, unrichtiger Auffassung gegenüber sie in ihr wahres Licht zu setzen. Danach werden Sie uns denn auch vergönnen, daß wir in dieser unserer letzten Rede auf etwas freieres Feld uns begeben, um mit Ihnen bei einigen Lebensfragen, welche die Betrachtung dieses Christusbildes von selbst in uns veranlaßt, noch einen Augenblick stille zu stehen. Darf es uns auf diesem Wege gelingen, Ihnen dieses Bild in der und keiner andern Gestalt vorzuführen, als der Apostel es einmal geschildert und geschaut hat, so können wir unsere Aufgabe als gelöst betrachten, und betend den Segen von Oben über das Gesprochene erwarten. —

---

„Wer bist du?" so frugen einstmals nach dem heiligen Berichte (Joh. 8, 25) die jerusalemischen Juden den Herrn. „Wer bist du?" so wiederholen auch wir, wenn auch in ganz anderm Sinne, und richten unsern Blick mit erhöhter Aufmerksamkeit auf die Persönlichkeit desjenigen, dessen Werke uns schon nach unserer bisherigen Betrachtung soviel Herrliches und Großartiges vermuthen lassen. Aber kaum ist die Frage über unsere Lippen, so bricht schon ein Strom von Anklagen los, dessen erstes Rauschen wir bis jetzt kaum vernahmen. „Der johanneische Christus", so ruft man uns zu, „ist ein bloß übernatürliches Wesen, welches wir nicht wie jede andere historische Persönlichkeit allmälig werden, sondern mit einem Male als eine himmlische Erscheinung vor unseren Augen stehen sehen. Wie die Minerva der Mythologie mit einem Male ausgebildet und wohlgerüstet aus dem Haupte des Vaters der Götter und der Menschen zum Vorschein trat, so erscheint dieser Christus sofort in seiner vollen Größe auf dem Schauplatz der Geschichte, als der Sohn Gottes, der der Welt mittheilen will, was er schon lange zuvor im Himmel gesehen und gehört hat. Mit unbegrenztem Wissen ergründet er die Geheimnisse des Herzens, der Zukunft, der Gottheit und Menschheit zumal. Schon im Beginn sieht er das Ende seiner Bahn voraus; und ehe noch der Streit beginnt, ist er schon des Sieges gewiß. Für ihn keine Versuchung, kein Kampf, ja keine menschliche Entwicklung; er wird nicht, er ist von Anfang bis zu Ende vollendet. Dem Leibe nach, ja, ist er ein Mensch: aber auch nach Geist und Herz? — Von allen jenen ächt menschlichen Gedanken und Empfindungen, die das synoptische Christusbild für unser Auge so anziehend machen, entdecken wir hier Wenig oder Nichts. Ueber alle und jede menschliche Gemüthsbewegung ist der johanneische Christus erhaben. Wohl wandelt er unter den Juden, aber er spricht zu ihnen von „ihrem" und „eurem" Gesetz, als sei er selbst daran nicht im Geringsten gebunden. Er lebt auf Erden, aber als einer, der nur eine kurze Weile da zubringt, um dann wieder zum Vater zurückzukehren. Mit diesem Vater stellt er sich auf gleiche Stufe, und nimmt für sich selbst eine Ehre in Anspruch, die nur Diesem zugestanden wird. Mit einem Worte, das Ich, welches hier stets in den Vordergrund tritt, ist nicht ein menschliches, sondern ein bloß scheinbar menschliches, das über sich selbst unerhörte Dinge aussagt. Sogar wo er betet, vernehmen wir ein „Wir" und „Uns", wie es noch nie von menschlichen Lippen ertönte; eigentlich betet und dankt dieser Christus ja nicht ausdrücklich um seiner selbst willen, sondern (er hat es selbst einmal ausgesprochen) „um des Volkes willen, das umher steht." Schließlich ist er selbst Object religiöser Verehrung und läßt sich von Thomas mit „mein Herr und mein Gott" begrüßen. Wozu mehr? Wer in einem solchen Lichte sich uns zeigt, mag jeden andern Namen verdienen, den einer historischen Persönlichkeit verdient er sicherlich nicht. Und eben deßhalb kann er auch unser Christus nicht sein; wir können ihn nicht begreifen, nicht lieben, ihm nicht nachfolgen, ja nicht einmal wahrhaft ihn bewundern, das Bild schwebt zu hoch in der Luft".

Was sollen wir auf diese zahllosen Bedenklichkeiten antworten, ohne früher Gesagtes zu wiederholen, oder die uns gezogenen Grenzen weit zu überschreiten? Fürwahr, wenn dies Alles nichts als Wahrheit, als die reine Wahrheit enthielte, auch wir würden anstehen, Johannes als unserem Führer zum richtigen Verständniß Christi zu folgen. Doch wollen Sie nun auch unsere Ansicht über diese Betrachtungsweise hören? Völlig grundlos scheint sie nicht; in diesem Falle hätten wir nicht einmal nöthig, sie ernstlich in Erwägung zu ziehen, da auf die Dauer der Irrthum doch nur durch das Minimum von Wahrheit, das ihm zu Grunde liegt, gefährlich ist; aber sie ist nichtsdestoweniger im höchsten Grade unbillig, übertrieben, einseitig. Wahrheit und Irrthum sind hier so fein gemischt und verwoben, daß in diesem Falle das Gut-Unterscheiden zum Gut-Verstehen durchaus nothwendig und erforderlich ist. Lassen Sie uns mit einem Versuche dazu beginnen und sehen, was wir ehrlicherweise zugeben müssen, und mit Ruhe auch zugeben können. Was wir übrig behalten, wird alsdann doppelt im Werthe steigen.

Nun steht es allererst auch bei uns zweifellos fest, daß der Christus, welchen Johannes uns hören und schauen läßt, nach Ursprung und Charakter eine übernatürliche, mehr als menschliche Persönlichkeit heißen muß. Wir freuen uns, dies gegenwärtig auch von Solchen anerkannt zu sehen, welche früher laut widersprachen, und können es nur für eine Folge ganz oder halb rationalistischer Herzenswünsche erklären, wenn einzelne Gelehrte noch immer daran festhalten, daß die hier vorkommenden Aussprüche auf das gewöhnliche Maß eines rein menschlichen Bewußtseins zurückgeführt werden können.\*) Nein, (mag man es sehen wollen oder nicht) auch wir rufen unbedenklich aus: Dieser Christus strahlt in mehr als menschlichem Glanze uns entgegen! Nicht als ein bloß menschlicher Gottgesandter, sondern als ein Wesen höheren Ranges tritt er uns hier vor Augen: Nicht ein bloß sittliches, ein übernatürliches Einssein mit dem Vater schreibt er sich zu; eine Einheit der Macht und des Willens, die nur aus der Einheit des Wesens erklärt werden kann. Nicht bloß im Rathe und Vorwissen Gottes, sondern persönlich, d. h. mit Selbstbewußtsein und Selbstbestimmung existirte er nach seiner eignen Erklärung bei dem Vater, ehe Abraham, ja ehe denn die Welt war. Sein Wissen läßt alle allgemein menschliche Einsicht in das Wesen Gottes und der einzelnen Menschen, auch die meist ent-

---

\*) Wir denken hier außer der schon früher angeführten Schrift von Weizsäcker besonders auch an Prof. W. Beyschlag, die Christologie des N. T. Berlin 1866; worüber verglichen werden kann ein Artikel von O. Pfleiderer, zur Johann. Theologie, in der Zeitschrift für wissenschaftl. Theologie von Hilgenfeld 1866, III.

wickelte, weit hinter sich; seine Reinheit trägt nicht die Spuren des ungleichen Kampfes, den wir immer und immer wieder führen müssen. Man ist vollkommen im Rechte, beständig zu wiederholen, daß noch nie ein Mensch wie dieser gesprochen; und ein scharfsinniger Apologet hat sich wohl nicht geirrt, wenn er erklärte: Der tiefliegendste Grund für die fast fanatisch zu nennende Zähigkeit, womit die Anfänger dieser kritischen Richtung sich gegen die Anerkennung der Aechtheit unseres Evangeliums verschließen, ist in der That kein anderer, als der, daß dieses Evangelium entschiedener und reichlicher als alle übrigen die wahre Gottheit Christi bezeugt."*) —

Aber gerade dieses Wort „entschiedener und reichlicher" führt uns schon sofort zu einer zweiten Bemerkung. Es ist die, daß Johannes mit seiner Darstellung der Person des Herrn keineswegs allein steht. Hätte auch das vierte Evangelium nie existirt, ein Blick auf andere Schriften des neuen Testamentes würde uns belehren, daß sogar die meist differirenden Schreiber in der Anerkennung der übermenschlichen Natur und Würde des Herrn vollkommen zusammentreffen. Wir haben bereits mit einem Worte auf Selbstzeugnisse Jesu bei Matthäus, Marcus und Lucas hingewiesen, allein der Stoff ist so reich, daß wir nicht Gefahr laufen uns zu wiederholen, wenn wir nochmals auf diesen wichtigen Punkt zurückkommen. Ihr stoßt euch an dem johanneischen Christus, so mögen wir zur Gegenpartei sprechen; gut, lassen wir dieses Bild für einen Augenblick aus dem Spiele, um zu untersuchen, von welch einem Christus die übrigen heil. Schriften, vor Allem aber seine eignen Worte zeugen. Dürfte ich fragen, was dünkt euch von einem Christus, der sich als den Sohn des Weinbergbesitzers über alle früheren Arbeiter erhebt (Matth. 21, 37); der sich in Ansehen seines Aufenthalts auf Erden vergleicht mit einem Edlen, der für eine Weile in ein fremdes Land reist, daß er sich ein Reich nähme und dann wiederkäme (Luc. 19, 12); der von seinen Engeln spricht und sich bewußt ist, über Legionen derselben als Herr und Gebieter verfügen zu können (Matth. 13, 41; 26, 53); der nach seiner Auferstehung auf einem Berg in Galiläa sich anbeten läßt, während er unmittelbar darauf erklärt, daß ihm gegeben sei alle Gewalt, nicht nur auf Erden, sondern auch im Himmel, und daß die Taufe auf den Namen des Sohnes nicht weniger, als auf den des Vaters und des heiligen Geistes vollzogen werden müsse (Matth. 28, 17—19)? Klingt es so besonders menschlich, wenn er sich mehr als den Tempel nennt (Matth. 12, 6); wenn er die Sünde wider des Men-

---

*) O. Zöckler, die Evangelien-Kritik u. s. w. Darmstadt 1865 S. 33

schen Sohn, im Unterschied von der wider den heiligen Geist als den Gipfel
der noch erläßlichen Sünden beschreibt (Matth. 12, 32); wenn er das ewige
Wohl oder Wehe direct abhängig macht von der Bekenntniß oder Verleugnung
seiner Person (Matth. 10, 32, 33)? — Oder sind alle diese Stellen unächt,
von späterer Hand interpolirt und auf das Sündenregister dieses oder jenes
fingirten Ueberarbeiters der alterältesten evangelischen Berichte zu setzen?
Man müßte stockblind sein, durchschaute man nicht die eigentliche Tendenz
einer solchen would-be Kritik; und wenn irgendwo, so ist hier das
Wort des gelehrten Lücke anzuwenden: „Wo der rein subjective Eigen-
sinn anfängt, da hat alle Kritik ein Ende."*)

„Mein Christus ist der der Bergpredigt," so ruft man uns zu
aus dem Heerlager der Feinde, die wir so viel lieber als Brüder begrüßen möchten. — Wirklich? also auch jener Christus, welcher seine
geringen Apostel den verfolgten Propheten gleichsetzt, sich selbst also noch
höher? welcher sich ein Recht zuerkennt auf die Begrüßung mit „Herr,
Herr!" erachtet er dies auch an und für sich nicht für genügend?
welcher nicht selbst an der Spitze der Menschheit vor Gottes Richterstuhl erscheint, sondern ganz allein als Richter über das Loos Aller
entscheidet, und von welchem man als Einer der Seinen erkannt sein
muß, will man nicht ewig verworfen werden? auch jener Christus,
welcher bald darauf — kann es göttlicher, oder — wahnsinniger klingen — die reichlichste Belohnung demjenigen zusichert, welcher dem
Durstigen einen Trunk kalten Wassers, nicht einmal in seinem Namen,
sondern — im Namen eines seiner geringsten Jünger reicht? **)

Wozu mehr? Wie viele Aussprüche des Herrn, an denen bis vor
zwei, drei Jahren nie eine Christenseele gezweifelt hatte, werden noch
auf den Index des Verdächtigen gesetzt werden müssen, ehe Alles aus-
gemerzt ist, was nach der wechselnden Meinung jedes Schriftgelehrten
des neunzehnten Jahrhunderts dieser liebenswürdige Rabbi des ersten
unmöglich gedacht oder gesagt haben kann? Ich gehe weiter; — ich
weise hin auf Paulus, welcher, wie sich beweisen läßt, schon fünfundzwanzig oder dreißig Jahre vor Johannes dem Wesen nach dasselbe
Zeugniß wie dieser über den Herrn abgelegt hat; auf den Hebräer-
brief, worin Jahrelang vor Jerusalem's Zerstörung neben der wahrhaft menschlichen die wahrhaft göttliche Natur des Hohenpriesters un-

---

*) Lücke, Comment. Evang. Joh. 1. S. 104.
**) Matth. 5, 12; 7, 21—23; 10, 42.

seres Bekenntnisses so nachdrücklich bezeugt wird, daß es hier und da scheint, als sei absichtlich ein Commentar über eigne Worte des Herrn bei Johannes geliefert; ich weise hin auf die ganze Wolke von Zeugen für die Wahrheit aus dem apostolischen Zeitalter bis auf jenen unbekannten Ananias von Damaskus, welcher, wenn er von den Gläubigen Christi spricht, ihren eigenthümlichen Charakter mit diesem einen Zuge beschreibt, „daß sie diesen Namen anrufen" (Apostelg. 9, 14). „Den Namen eines Gekreuzigten anrufen," verehrte Zuhörer, welche Auffassung von der Persönlichkeit des Herrn setzt schon dies eine Wort voraus bei Israeliten, wie jene ursprünglich doch alle waren; bei gottesfürchtigen Israeliten, wie dieser Ananias war? Ich glaube, es wird die höchste Zeit, eine so lästige Person auf die dehnbare Liste der Mythen und Fabelhelden zu setzen; noch ist Raum daselbst! Und nun habe ich mich bis jetzt lediglich im Bereiche des neues Testaments gehalten; habe bis jetzt noch keinen Schritt gewagt auf das Gebiet des Alten, wozu derselbe Ananias mich einladet. Und doch finde ich hier bereits das Bild des Messias mit so lebhaften, starken Farben ausgemalt, daß man Israels Sänger und Seher die überspanntesten Menschen nennen könnte, wenn dasselbe nicht in überirdischem Glanze vor ihrem Auge dagestanden hätte. Oder, urtheilen Sie selbst, klingen sie vielleicht doch nicht allzuhoch für einen bloß menschlichen Gesalbten, jene Ehrentitel: Wunderbar, Rath, Kraft, Held, Ewig-Vater, Friedefürst (Jes. 9, 5)? Denken Sie bloß an den religiösesten aller religiösen Menschen, wenn Sie von einem Fürstensprößling lesen „dessen Ausgang von Anfang und von Ewigkeit her gewesen ist" (Micha 5, 1)? wenn Sie bei dem letzten der Propheten die Messiaserwartung zusammenfließen sehen mit der Vorstellung vom Engel des Bundes, (Mal. 3, 1)? wenn Sie in den Gesichten Daniels (7, 13) Einen kommen sehen auf den Wolken des Himmels „wie eines Menschen Sohn;" ein Ausdruck, der aus diesem Zusammenhange in des Herrn Mund gekommen ist, und schon an sich für das schärfer horchende Ohr die sinnreiche Voraussetzung von etwas Uebermenschlichem enthält?\*) Schon genug. Daß man auf einem gewissen wohlbekannten Standpunkte sich nicht befreunden kann mit der Idee eines übermenschlichen Christus, begreife ich wohl, so wie

---

\*) In dem Ausdruck: Menschensohn liegt Hinweisung auf einen Gegensatz, und der erläutert sich uns, wenn wir uns eben daran erinnern, daß Er sich eben so oft auch Sohn Gottes genannt hat. C. F. Schmid, Bibl. Theol. des N. T. I. S. 159.

ich es aufrichtig bedauere. Aber das nenne ich die Unbilligkeit selber, daß man den Johannes allein oder doch vorzugsweise verantwortlich machen will für eine Schuld, die er auf jeden Fall mit so vielen Aposteln und Propheten gemeinschaftlich zu tragen hat. Sie können es nur schwerlich in Abrede stellen, es handelt sich hier nicht um ein „Alles oder Nichts;" sondern nur um ein „Mehr oder Weniger;" und wer nun weiter noch diesem Johannes den Krieg erklärt, weil er uns ein übermenschliches Christusbild gezeichnet, der bleibe sich wenigstens consequent und reiße getrost, um mich so auszudrücken, die halbe Schrift aus der Bibel. Nach dieser durchgreifenden Maßregel wird ihm die andere Hälfte nur — um so unverständlicher und — um so unglaublicher sein.

Indeß, was spreche ich länger, als ob ich auch nur einen Augenblick zugäbe, daß der johanneische Christus einen bloß übermenschlichen Charakter zeige." Dies ist vielmehr unsere größte Beschwerde gegen diejenigen, welchen wir in unserer Seele widersprechen, daß sie unaufhörlich in Gegensatz zu einander bringen, was in unserm Evangelium gerade aufs Innigste vereinigt ist. Hören wir sie reden, so erhält es fast den Anschein, als hätten wir in den drei ersten Evangelien einen Christus, der wahrhaft menschlich ist, aber nun auch nichts mehr denn menschlich; in dem vierten hingegen einen Christus, der wahrhaft göttlich, aber nun auch bloß scheinbar menschlich ist. Doch gerade diese Gegenüberstellung ist, wir bemerken es an dritter Stelle, so unbillig als nur möglich. Der Christus bei Johannes ist nicht weniger, sondern eben so menschlich, ja, wenn es nicht allzu befremdend klänge, möchten wir sagen, womöglich noch menschlicher als sonst irgendwo.

Wir wissen, dies wird in Abrede gestellt; der Christus bei Johannes soll, wie man behauptet, lediglich der Logos in menschlichem Leibe gewesen sein und unser Evangelist also keineswegs frei vom Sauerteige der Doketen, einer Secte, die schon im ersten Jahrhunderte des Herrn wahrhafte Menschheit leugnete. — Wir können in der That kaum stark genug unser Befremden darüber ausdrücken, daß eine solche Auffassung einem Apostel zur Last gelegt wird, welcher den Geist des Antichrists gerade in der Verleugnung jener Wahrheit erblickt, daß Jesus Christus wirklich ins Fleisch gekommen ist (1. Joh. 4, 2. f.). Wo, so fragen wir mit allem Nachdruck, wo gibt doch Christus, wie er hier spricht und handelt, Anlaß zu einer so schweren Beschuldigung? Doch wohl nicht, wo er sich in demüthiger Einfachheit „einen Menschen" nennt,

„der ihnen die Wahrheit gesagt habe" (Joh. 8, 40), oder wo er am Kreuze die zarteste, liebevollste Sorge für seine Mutter an den Tag legt; oder sonst, wo Sie ihn klagen hören, daß „seine Seele betrübt sei" (Joh. 12, 27)? Mag es wahr sein, daß an letztgenannter Stelle mit dem ursprünglichen Ausdruck bloß das niedere Seelenleben angedeutet werde: nicht weniger gewiß ist, daß Johannes, der dieses Wort aufbewahrt hat, uns sonstwo mittheilt, daß der Herr „im Geiste" betrübt ward (Joh. 13, 21), was doch wohl ein wirklich menschliches Erregtsein bedeuten soll, und zwar diesmal auf dem höchsten Gebiete des innern Lebens. Dennoch bleibt man dabei: Der johanneische Christus ist hocherhaben über jede menschliche Gemüthsbewegung. Und ich muß schon wieder fragen: Woraus kann man dies schließen? Daraus, daß er beim Hochzeitsmahle an der Freude eines jungen Ehepaares Theil nimmt; oder daß er, brennend vor heiligem Eifer, die Geißel über die Tempelschänder schwingt? daraus, daß er ermüdet und durstig an einem Wasserbrunnen niedersitzt, oder daß er gleich darauf die Speise, welche seine Jünger brachten, unberührt läßt, weil seine Seele von höherem Lebensgenusse erfüllt ist? daraus, daß er mit inniger Theilnahme sein Auge auf dem achtunddreißig Jahre krank Gelegenen ruhen läßt, oder daß er, kaum den drohenden Steinwürfen der erbosten Juden entgangen, schon sogleich wieder ein Herz für das Leiden eines Blindgebornen hat? daraus daß er sich freut um der Jünger willen, nicht nach Bethanien gegangen zu sein, oder, daß er Thränen, die Zeugen der edelsten Menschlichkeit, vergießt beim Grabe des Freundes, den er sogleich auferwecken will? — Nun ist es wahr, vorher geht v. 33 der Bericht, daß der Herr beim Anblick der weinenden Maria und der sie begleitenden Juden „ergrimmte im Geist und sich selbst betrübte;" und diese Gemüthsbewegung, sagt man, werde hier geschildert mit einem Ausdrucke, der nicht Mitgefühl, sondern Entrüstung andeute, einen Zorn, wie er auch nach diesem Evangelium Gott selbst nicht fremd sei. Mag es sich so verhalten, ist damit auch schon die Bedeutung des erst später folgenden „Jesus weinte" erklärt und weggeräumt? Ist in einem Herzen, wie dieses war, nicht zugleich Raum für Zorn auf der einen, für Mitgefühl auf der andern Seite? Und war denn auch das keine wahrhaft menschliche Empfindung, daß der Herr früher, wie ich bei Marcus lese (Kap. 3, 5) seine Feinde „umher ansah mit Zorn und zugleich betrübt war über ihrem verstockten Herzen?" Sonderbar; wenn man früher in der Schrift las von Gottes Zorn, konnte selbst ein kleines Kind Ihnen sagen, daß dies ein sogenannter „vermenschlichender" Ausdruck sei. Gegenwärtig jedoch, da man bei Jesus Spuren von Zorn und Entrüstung antrifft, soll es mehr gegen als für seine wahrhafte Menschheit beweisen, da man ja auch von einem Zorne Gottes rede; an Stelle eines anthropopathischen Gottes erschafft man sich einfach einen theopathischen Christus. Indeß, dies ist das erste Mal nicht, daß die Gegner des Wunderbaren uns zwingen wollen, sehr wunderbare Dinge auf ihr bloßes Wort zu glauben. Doch entfaltet sich die Blüthe aller Ungereimtheit vielleicht in der artigen Behauptung, der Logos sei erzürnt gewesen, weil man noch in seiner, des Lebensfürsten Gegenwart, über einen Gestorbenen habe weinen können. Nicht eine menschliche Rührung also, sondern ein göttliches Mißbehagen über ein menschliches Gefühl, das auf so unangemessene Weise sich offenbarte! In der That, der Einfall ist gut! Nun nur noch eine kleine Maßregel dazu, um alles und jedes Hinderniß aus dem Wege zu räumen. Ist nicht der fünfunddreißigste Vers: „Jesus weinte" der kürzeste in der ganzen heiligen Schrift? Man erkläre ihn einfach für unächt, denn der Verfasser wird sich seinen Logos ohne menschliches Herz doch wohl nicht anders als mit trockenen Augen bei dem Grabe des Lazarus gedacht haben. Eins von Beiden: ein Künstler wie dieser Erdichter konnte einen so plumpen Fehler nicht begehen, daß er den Logos weinen ließ, oder — ist dieser feine Zug wirklich historisch, so muß er an nichts Geringeres geglaubt haben, als an eine wahrhafte Menschheit des Herrn; und der von uns bestrittene Satz fällt.*)

Nein, wahrlich, auch der Christus des vierten Evangeliums hat sich nicht zu schämen, die Seinen Brüder zu nennen;**) obschon von Oben stammend, achtet er doch nichts wahrhaft Menschliches sich fremd. Das Göttliche selbst, das sich in ihm offenbart, sehen wir auf ächt menschliche Weise sich entfalten; als den Sohn Gottes offenbart er sich, aber als den, der nach Leib, Seele und Geist Theilhaber an unserer Natur geworden ist. Verlangen Sie noch weiter Beweise? Wundervoll ist, sowohl nach Johannes, als nach den drei ersten Evangelien, sein Wissen um das Verborgene; aber dort wie hier verräth oft ein einziger Zug, der dem Verfasser fast unwillkürlich entschlüpfte, daß dieses

---

*) Vrgl. Bonifas, sur l'humanité de J.-Christ, selon l'Evang. de St. Jean, im Bulletin Theol. der Révue Chrét., Dez. 1864.

**) Joh. 20, 17; vrgl. Hebr. 2, 11.

Wissen bei aller Erhabenheit nicht aufhört, einen menschlichen Charakter zu tragen. Bei Marcus z. B. untersucht er, ob er noch Frucht auf dem Feigenbaume am Wege nahe bei Jerusalem entdecken könne; aber auch bei Johannes hört man ihn über Lazarus fragen: „wo habt ihr ihn hingelegt?" und sehen Sie, wie er das leere Grab sich zeigen läßt, was doch wohl nicht eitel Verstellung gewesen sein wird.\*) — Fleckenlos ist seine Heiligkeit, aber wiederum entfaltet sie sich nach ächt menschlicher Weise inmitten von Widerwärtigkeit, Kampf und Versuchung. Was will man uns aufbringen, für den Christus des vierten Evangeliums gebe es keine Entwickelung, keine Taufe, keinen Kampf, keine Versuchung, kein banges Gethsemane? Dieser Einwurf hat einigen Schein von Recht, so lange man vergißt, daß Johannes nicht der erste oder einzige, sondern der letzte Evangelist gewesen ist, welcher die Bekanntschaft mit dem Evangelium seiner Vorgänger bei der schon gläubigen Gemeinde, für welche er schreibt, voraussetzt; der demnach nicht unaufhörlich zu wiederholen brauchte, was Alle wußten, Niemand ernstlich bezweifelte. Aber auch hiervon abgesehen, ist dieser Einwand ein Schwert, das bei Weitem mehr glänzt, als verwundet. Eine menschliche Entwickelung des Herrn wird bloß von Lucas und nur kürzlich erwähnt zu Ende des zweiten Kapitels (Luc. 2, 40—42); nicht bloß Matthäus, sondern sogar auch Marcus schweigt gänzlich hiervon, derjenige der Evangelisten, welcher momentan so hoch in der Gunst der meisten modernen Kritiker steht. Es ist also wiederum nicht billig, diesen Stein ausschließlich nach dem Haupte des Johannes zu schleudern. Erzählt er die Taufe des Herrn nicht ausdrücklich, so verewigt er nichtsdestoweniger ein Zeugniß des Täufers, worin auf das dabei Vorgefallene verständlich genug angespielt wird; und er beweist also, darum zu wissen (Joh. 1, 32, 33). „Hier kein Streit, keine Versuchung, kein Seelenkampf in Gethsemane," hört man klagen. Wirklich? jenes Leben, worin jeder Schritt einen neuer Zusammenstoß mit den Mächten der Finsterniß herbeiführte, sollte kein Leben voller Kampf gewesen sein! Es ist wahr, von einer vierzigtägigen Versuchung zu Anfang der Wirksamkeit Jesu schweigt Johannes. Läßt er ja auch seine Erzählung erst mit dem Zeitpunkte beginnen, als der Herr die Wüste der Versuchung bereits im Rücken hatte; und — beiläufig gesagt — ich wüßte nicht, daß unsere Modernen jener Erzählung einen so streng historischen Charakter zuschrieben, wodurch sie ein Recht

---

\*) Marc. 11, 13. Joh. 11, 34.

hätten, das Fehlen derselben im vierten Evangelium als Merkmal seines unhistorischen Charakters zu betrachten. Oder denkt man vielleicht an jene Versuchung im späteren Leben des Herrn, welche den Lucas zu schreiben berechtigte, daß der Satan „von ihm wich eine Zeitlang" (Luc. 4, 13)? Aber dann frage ich, ob nicht auch der johanneische Christus die Stimme der Versuchung vernahm in dem Worte seiner Brüder: „offenbare dich vor der Welt" (Joh. 7, 5); oder in dem Andrang der Volksmenge, die ihn mit Gewalt zum Könige machen will (Joh. 6, 15); oder in seiner eignen Seelenunruhe, wo er der nahenden Stunde gedenkt (Joh. 12, 17); — und wo doch allen diesen Zügen auch nicht ein Schein von Beweis beigefügt ist, daß diese äußere Versuchung für ihn unmöglich zu einer innern habe werden können? Von dem Seelenkampf in Gethsemane schweigt Johannes freilich; derselbe war mit dem darnach gesprochenen Gebete allgemein und genügend bekannt; \*) aber den ersten Wellenschlag dieses Schmerzes läßt er uns wie aus der Ferne vernehmen in jenem empfindungsvollen: „Jetzt ist meine Seele betrübt;" ein Nachhall wiederum zu einem frühern, nur von Lucas (Kap. 12, 50) aufbewahrten Klagetone: „Aber ich muß mich zuvor taufen lassen mit einer Taufe; und wie ist mir so bange, bis sie vollendet werde!" Merkwürdig; — man zeigt uns Contrast auf Contrast und führt uns gerade so zur Entdeckung immer neuer Harmonien! — Keinen andern Eindruck empfangen wir, wenn wir uns an die Betrachtung des Höchsten, das uns selbst eines Johannes Hand entwerfen konnte, nämlich das Bild des betenden Christus begeben. Freilich vermeldet er weniger einzelne Momente aus diesem Gebetsleben, als seine Vorgänger, namentlich Lucas, dies gethan haben. Jedoch, auch wenn wir seinen Christus ins Auge fassen, brauchen wir nicht in Ungewißheit darüber zu sein, welcher Art der Pulsschlag und Athemzug dieses geistlichen Lebens gewesen ist. „Vater, ich danke dir, daß du mich erhöret hast" (Kap. 11, 41, 42) — in diesem Worte am Grabe des Lazarus hören wir den Herrn gleichsam das tiefste Geheimniß seines verborgenen Lebens enthüllen; er hatte also schon vorher, und zwar stille gebetet; das Wunder, welches er verrichtet, trägt nach seinem innersten Bewußtsein das Siegel einer offenbaren Gebetserhörung. Fügt er sogleich hinzu: „doch ich weiß, daß du mich allezeit hörst; sondern um des Volkes willen, das umher stehet, sage ich es" — so kann seine

---

\*) Siehe außer den synopt. Evv. Hebr. 5, 7—9.

Absicht nicht zweifelhaft sein. Nicht, daß er überhaupt dankt, sondern daß er laut dankt, wo er vorher still gebetet, geschieht um des Volkes willen, auf daß es nun endlich nach diesem Zeichen an seine göttliche Sendung glaube . . . . . fürwahr, es kostet einige Ueberwindung, gelassen zu bleiben, wenn man das erhabenste Zwiegespräch zwischen Sohn und Vater in einem solchen Momente mit keinem andern Namen, als dem „eines Schaugebets" benennen hört. Oder soll es auch ein Schaugebet sein, wenn man ihn bald darauf in einem Augenblick der tiefsten Betrübniß, verlegen was er sagen soll, flehen hört: „Vater, verherrliche deinen Namen!"? Sicherlich ist es „um des Volkes willen," wie er sich selbst ausdrückt, daß unmittelbar darauf eine höhere Himmelsstimme gleichsam als Antwort auf sein Gebet vernommen wird. Aber daraus abzuleiten, daß es weder des Gebets noch der Antwort für ihn selbst bedurft habe, und lediglich um des Volkes willen Alles nothwendig gewesen sei, — verehrte Zuhörer, was halten Sie von solcher Logik? Nicht, als ob ich in dem Gebete des Herrn bei Johannes speciell jenes Unerreichbare, Einzigartige, Ueberirdische verkennte, das naturgemäß nirgendwo stärker zum Vorschein treten kann, als wo wir Gottes fleischgewordenen Sohn direct zu dem Vater sprechen hören. In unvergleichlichem Glanze strahlt es uns entgegen aus dem hohenpriesterlichen Gebete, welches in der Scheidestunde seinem Herzen entquillt. Ja, sogar in jenem majestätischen „Vater ich will"; in jenem vielleicht noch erhabenern „Wir" blickt es anhaltend durch, daß der Sohn, wie sehr auch mit dem Vater Eins, doch in Allem sich unbedingt von ihm abhängig weiß. So sehr ist auch hier für den Herrn das Gebet persönliches Lebensbedürfniß, daß er sogar in jener Stunde nicht für seine derzeitigen und spätern Jünger bittet, bevor er erst für sich selbst die Herrlichkeit erfleht hat, welche die Krone seines Leidens und Streitens sein soll. Wie sein Vorwissen und seine Heiligkeit, so kann auch insonderheit sein Gebet, göttlich, aber nichtsdestoweniger wahrhaft menschlich, ja, (wozu länger dem einzig treffenden Worte ausweichen,) im vollsten Sinne gottmenschlich genannt werden. —

Gottmenschlich — verehrte Zuhörer! wenn ich mit einem einzigen Worte den Eindruck wiedergeben soll, welchen das johanneische Christusbild in seiner Totalität immer und immer wieder in mir hervorruft, so weiß ich für den johanneischen Christus noch keine bessere Bezeichnung, als die, welche die Kirche dem berühmten Origenes zu verdanken hat: „Gottmensch." Das „Ich", das sich hier ausspricht, ist nicht

bloß der Mensch Jesus, der Gottgesandte, der erschienene Messias Israels.
Es ist ebensowenig der Logos, der ohne wirklich und vollkommen Mensch
geworden zu sein in menschlichem Fleische erschienen wäre. Es ist der
eigene, eingeborene, ewige Sohn Gottes, den Brüdern in Allem gleich,
ausgenommen die Sünde, der jedoch, auch wo er niedrige Knechtsgestalt
annimmt, sich seines frühern Daseins und seines himmlischen Ursprungs
bewußt bleibt; göttlich, auch wo er allermenschlichst unsern Augen sich
darstellt; menschlich, auch wo die Strahlen der göttlichen Herrlichkeit,
wie auf Tabor, von allen Seiten die Staubeshülle durchdringen. Ganz
Israelit, wie schon aus dem einen Worte: „wir wissen, was wir anbeten"
— sich erkennen läßt; ganz Mensch von dem ersten, an Johannes und
Andreas gerichteten Worte an „was suchet ihr?" — bis zu seiner letzten Aufforderung an Thomas: „reiche deinen Finger her"; aber auch
ganz göttlich, ja selbst Gott, geoffenbaret in Fleische; was sage ich,
eben darum der wahre, der höchste, der einzig und ewig ideale Mensch,
weil in ihm die Fülle der Gottheit leibhaftig wohnt. Er bietet sich hier
unserm Auge dar als der Engel der Apokalypse, der mit einem Fuße
im Meere steht, mit dem andern auf der Erde; ursprünglich Fremdling
hienieden, doch zu einem Kinde des Hauses geworden, reicht er der
Ewigkeit und der Zeit, dem Schöpfer und dem Geschöpfe zugleich die
Hand. Doch nein, dieses Bild ist nicht ganz richtig, denn hier ist
nicht ein doppeltes Bewußtsein; nicht ein bloßes Nebeneinander zweier
heterogener Naturen; was ursprünglich eine Zweiheit war, ist hier ver-
schmolzen zu einer wirklichen, unvergleichlichen Einheit. Nicht ein Men-
schenkind, vollkommen durch bloß sittliche Einheit mit Gott, — sondern
eine Persönlichkeit, in der das Göttliche und das Menschliche, ursprünglich von einander geschieden, so einander genähert, mit einander vereint,
fast sagten wir vereinselbigt sind, wie vor ihr keine erschienen war, nach
ihr keine zur Erscheinung kommen wird. Dies ist der Christus des
Johannes; ich sage zu wenig, es ist der Hauptsache nach der Christus
aller Evangelien, der Christus der Schrift, der Christus der Kirche aller
Jahrhunderte, der streitende hier, der siegende dort. Beugen Sie Ihr Haupt,
die Sie seine Herrlichkeit im Spiegel dieses Evangeliums anschauen, wie
ich das meine beuge!

Doch, da Sie es wieder erheben und von Neuem nachdenken über
den hochheiligen Gegenstand, worauf wir unsere Aufmerksamkeit richteten,
stehen Sie denn jetzt noch eine Weile mit uns stille vor diesem Christusbilde, um einzelne Fragen, die es unwillkürlich in uns hervorruft,

in Erwägung zu ziehen. Und welche Frage dürften wir, um alles Gesagte zum Abschluß zu bringen, freimüthiger wagen, als vor allen diese: **Jenes Christusbild sollte erdichtet sein?** Mit andern Worten: **Ist diese Erdichtung schon ausgemacht? oder wenigstens wahrscheinlich? ja, darf sie im Grunde genommen nur einmal für möglich gelten?**

Wir wollen sehen. Ist es schon **ausgemacht**, daß wir im vierten Evangelium nicht viel mehr als eine kunstreich erdichtete Fabel besitzen? „**Schon ausgemacht**"! — welch eine Frage, rufen Sie aus, indem Sie noch einmal zurückdenken an alle Beweise für die Wahrheit, deren wir so **viele** entdeckten. Dennoch ist man wohl einigermaßen zu dieser Frage berechtigt, wenn man von Einigen der fortschrittlichsten Linken die Unächtheit des vierten Evangeliums als eine ausgemachte Sache bezeichnen hört, welche fortan als das Resultat erprobter Wissenschaft feststeht, und von diesem Gesichtspunkte aus denn auch von der Gemeinde der Zukunft mit Fug und Recht unter ihre Glaubensartikel aufgenommen werden kann. Liest man nicht bereits hier und da in populären Schriften gleichsam beiläufig vom vierten Evangelium „mit Unrecht dem Johannes zugeschrieben," und wurde nicht schon vor mehr als zwei Jahren dem Volke von der Kanzel herunter verkündigt, dieses Evangelium sei nichts anderes, als eine dichterische Messiade der gläubig gewordenen Heidenwelt des zweiten Jahrhunderts?*) Ich will nicht reden von noch ärgeren Benennungen, aber das glaube ich mit vollstem Rechte versichern zu können: es hält zuweilen schwer, nicht zu verzweifeln an der vollen Aufrichtigkeit derer, die so positiven und kräftigen Gründen gegenüber hartnäckig die Aechtheit und Glaubwürdigkeit des vierten Evangeliums bestreiten. Man könnte fast vermuthen, daß Manche, die die Frage als so ganz bestimmt **ausgemacht** betrachten, Alles was zu Gunsten Johannis gesagt werden kann, entweder noch nicht gut kennen, oder noch nie ernstlich und unparteiisch erwogen, oder aus dem einen oder andern Beweggrunde nicht zu seinem vollen Rechte haben kommen lassen. Vielleicht heißt es etwas viel verlangen, wenn wir von Seiten der gegenwärtigen Bestreiter früher oder später dem offenherzigen Bekenntniß eines **Bretschneider** entgegensehen, daß man in diesem Punkte sich geirrt habe, oder eines **Strauß** von früherer Zeit, daß man über seinen eignen Zweifel in Zweifel sei. Indessen läßt in jetziger Zeit ein solches

---

\*) Dr. J. C. Zaalberg, de Godsd. van Jezus. Haag 1864 S. 141 ff.

Geständniß hartnäckig auf sich warten; aber die Gemeinde des Herrn soll, von verschiedenen Seiten belehrt, wenn sie kein Parteiinteresse bei der Leugnung der Wahrheit hat, in Zukunft wenigstens wissen, woran sie sich zu halten habe, und wird, wenn auch jetzt noch nicht, so gewiß doch in spätern Jahren sich wundern, daß man in unsern Tagen mit soviel Scharfsinn soviel Einseitigkeit und Leichtfertigkeit vereinigen konnte. Als ausgemacht kann die Unächtheit des vierten Evangeliums auf die Dauer bei Niemand gelten, der dafür zu seinen sogenannten Gründen nicht auch seine besondern Beweggründe hat. Und gewiß, auch der König unter den Evangelisten, welchem gegenüber man hartnäckig bei dem Ausspruche beharrt: „wir wollen nicht, daß dieser über uns herrsche", — auch er zwingt Niemanden, seinen Worten zu lauschen, und verhüllt seine Majestät vor dem Auge dessen, der ihn als Betrüger verachtet.*)

Ausgemacht ist es also keineswegs, daß wir hier Erdichtung vor uns haben; man wird es schwerlich leugnen können. Aber, kann man sie näher betrachtet auch nur wahrscheinlich nennen? „Das ist jenachdem", höre ich sagen; „die Dinge erscheinen uns gewöhnlich, je nachdem das Auge ist, womit, und das Licht, worin wir sie unsrerseits betrachten." Sie haben Recht, und doch wiederhole ich meine Frage: ist Erdichtung hier wahrscheinlich? weil gerade hier das Unwahrscheinliche meines Dafürhaltens einen solchen Grad erreicht, daß es fast an das Undenkbare grenzt. Diese ganze einzigartige Wundergeschichte soll denn, — ich setze den Fall — erdichtet sein. Doch, erdichtet — von wem? Von Johannes selbst? Der Gedanke ist zu ungereimt, als daß wir auch nur einen Augenblick dabei verweilen sollten. Von einem unbekannten Christen, Philosophen, Autoren des zweiten Jahrhunderts? — Doch nicht einen Solchen, den Johannes selbst haben wir an unzähligen Einzelheiten als den Verfasser dieses Evangeliums erkannt, gefunden, errathen; ja, müßte man auch mit Einigen annehmen, die jetzige Redaction dieses Evangeliums sei das Werk einer befreundeten Hand, etwa eines seiner frühesten Schüler oder Geistverwandten, immer haben wir

---

*) „Nous sommes ici dans un domaine, Où c'est la volonté, qui pèse les preuves et qui en taxe définitivement la valeur. Nous devons nous contenter d'avoir placé le quatrième Evangile dans des conditions, Où personne n'hésiterait à recevoir comme authentique un livre quelconque de l'antiquité profane. Ce resultat obtenu, il reste un dernier pas à faire, un seuil à franchir. Pour accomplir cet acte décisif, il ne suffit pas de savoir; il faut vouloir." Godet, Examen des princip. Quest. Crit etc. p. 54.

denn doch Berichte über des Herrn Worte, Thaten und Schicksale, die direct von seinem vertrautesten Jünger herrühren. Ich muß es wiederholen, wer je mit einiger Aufmerksamkeit sich mit der Literatur des zweiten Jahrhunderts etwas vertraut gemacht hat, und hiermit unparteiisch dieses Evangelium vergleicht, der muß es für ebenso undenkbar halten, daß dasselbe in jener Zeit entstanden sein könnte, als daß aus zähem Lehmboden auf einmal eine Alpenrose aufblühen, oder an einem stürmischen Dezemberabend unerwartet eine Nachtigall ihr Lied ertönen lassen sollte. Von einer solchen Anonymität und Fiction, womit wir es in dem hier gesetzten Falle zu thun hätten, kann kein zweites Beispiel angeführt werden.\*) Und zu welchem Zwecke sollte sie auch geschehen sein, diese Erdichtung, die dann jedenfalls eine absichtliche müßte gewesen sein? Um des Verfassers eigne Ideen einer Partei zuliebe populär zu machen, und um Christum vor den Augen eines jüngern Geschlechtes in phantastischem Glanze erstrahlen zu lassen? Allein, wir haben schon früher gesehen, welch unüberwindliche Schwierigkeiten mit dieser abenteuerlichen Hypothese verknüpft sind; für jetzt möchten wir Sie auf noch etwas Anderes hinweisen. Das Evangelium Johannis ist das Evangelium der Erscheinung des Sohnes Gottes in wahrhaft menschlichem Fleische. Allein die Idee einer solchen persönlichen Menschwerdung Gottes im Sohne seiner Liebe war vor dieser Zeit weder in der heidnischen, noch in der jüdischen Religion zu finden; sie muß und kann sonach nur eine Frucht der Wirklichkeit sein.\*\*) Man spricht so vielfach von einer im zweiten Jahrhundert des Christenthums herrschenden Sucht, den Stifter desselben zu verherrlichen, welche seine Bekenner fast unwiderstehlich getrieben habe, dieses Haupt mit einem Nimbus überirdischer Glorie zu zieren. Als ob dem gegenüber nicht ein anderes Streben herrschend wäre, das Höchste und Herrlichste seines ursprünglichen Glanzes zu berauben.\*\*\*) Als ob es eine so leichte Sache sei,

---

\*) „Wollet ihr nun einmal, daß der Johanneische Christus Dichtung und Täuschung sei, so bewahrt auch doch wenigstens soviel Geschmack um einzusehen, daß die Dichtung jedenfalls einer ganz andern, großartigeren Epoche der geistigen Geschichte angehören muß, als die weitschweifige und arme Schriftstellerei der Gnostiker und Antignostiker im zweiten Jahrhundert." Thiersch. a. a. O. S. 287.

\*\*) Vrgl. über diesen sehr wichtigen Punkt Dorner, Entwicklungsgeschichte der Lehre von der Person Christi, I. die ganze Einleitung, bes. S. 65.

\*\*\*) Man denke an das bekannte:
  „Es liebt die Welt, das Strahlende zu schwärzen;
  und das Erhabne in den Staub zu ziehn."

von Jemand, den man doch ursprünglich als bloßen Menschen, als einen verachteten, wenn auch liebenswürdigen Menschen kannte, selbst zu glauben und Andere glauben zu machen, daß er nichts Geringeres, als — der im Fleisch geoffenbarte Gott sei! Meines Erachtens wird man selbst nur schwerlich zu einem solchen Glauben zu bringen sein, und ebenso schwerlich Andere dazu bewegen können; es sei denn, daß man sich vor der unwiderstehlichen Macht der Thatsachen, welche keine laxere Auffassung zulassen, habe beugen müssen.\*) Etwas, was so erhaben dasteht, daß man gegenwärtig noch, nach so vielen Jahrhunderten, sich nur mit Mühe hineindenken und hineinversetzen kann, kann noch viel weniger von einem philosophirenden Dramatiker ausgedacht sein, wenn alle und jede historische Grundlage fehlte. Wir haben also hier den Fall, daß eine Erdichtung noch um ein gut Stück unbegreiflicher ist, als die historische Wirklichkeit. Was daraus folgt, mögen Sie bei sich selbst entscheiden. Was uns betrifft, so stehen wir keinen Augenblick an, auch in Rücksicht auf das johanneische Christusbild das Wort Lavaters zu wiederholen: „Alle Zweifel überwindet die Unerfindbarkeit Christi." —

Oder gehe ich zu weit? Doch wohlan! urtheilen Sie selbst mit mir, ob die Erdichtung, die also keinesfalls sicher und ebensowenig wahrscheinlich ist, hier eigentlich auch wohl möglich sein könne. Selbstverständlich sprechen wir von der Möglichkeit im moralischen Sinne des Wortes; und nun können wir mit einiger Ruhe das Urtheil aller Befugten abwarten, d. h. Solcher, aber auch bloß Solcher, die das Organ besitzen, nicht nur das Schöne, sondern auch das Wahre, das Gute, das Heilige, wo es sich offenbart, herauszukennen und gleichsam herauszufühlen. Diese führe ich am Ende des langen, bisweilen holprichten Weges, den wir miteinander zurückgelegt haben, noch einmal vor das

---

\*) Quoi, vous commencez par supposer, que l'humanité a cru à la divinité du Christ et s'est formé à elle-même la legende du Christ-Dieu? Est-ce sérieusement que vous parlez? Je ne puis le croire, car il s'agit justement de savoir comment l'humanité a cru au Christ-Dieu? Or prenez y garde; croire qu'un homme est Dieu, n'est pas, que nous sachions, un besoin si impérieux de l'âme humaine. Ce qui doit frapper ici, ce n'est pas la facilité de faire admettre un tel dogme, c'est la difficulté. Que la divinité soit en personne dans un être, qui se présente à moi sous une forme humaine, ce n'est pas ce que la raison m'incline à admettre tout d'abord. La Raison, antérieurement à toute preuve du fait, ne penche pas vers cette croyance, au contraire, elle y résiste. I. Felix.

Bild unsers Evangelisten und frage sie, ob er auf sie den Eindruck eines Romanschreibers mache, der niederschreibt, was er den Leser will **sehen lassen**, — oder aber den eines Augenzeugen, der berichtet, was er **selbst geschaut und erfahren hat**? Ich erinnre sie nochmals an das, was sie auch abgesehen von dem Evangelium aus der Geschichte über Johannes wissen, und frage wiederum: ob man sich vorstellen kann (denn das muß ein Bestreiter der Aechtheit), daß hier ein absichtlicher Betrug vorliegt, verübt von einem Zeugen des Herrn, von einem so wahrheitsliebenden und ergebenen Zeugen; von einer Hand, die es selbst einmal über den Eingang der Himmelsstadt schrieb: „Und wird nicht hinein gehen irgend ein Gemeines, und das da Gräuel thut und Lügen?" Dringend wünschte ich zu hören, in wiefern doch der Gedanke ungereimt sein sollte, daß der Apostel, der am tiefsten von Allen in der Seele des Meisters gelesen, später beim Rückblick auf dessen glanzreiche Erscheinung, von höherem Geiste erleuchtet, in ihm die Offenbarung des Wortes, die Weisheit und das Ebenbild des Vaters gesehen und davon auf diese Weise Zeugniß abgelegt habe? Wie, einen andern, als einen rein historischen Christus sollte er uns geschildert haben, der Apostel, der, ich möchte sagen, das Programm seines jahrelangen Zeugnisses in diesen Worten zusammengefaßt hat: „Das da von Anfang war, das wir gehöret haben, das wir gesehen haben mit unsern Augen, das wir beschauet haben, und unsere Hände betastet haben vom Worte des Lebens, — das verkündigen wir euch" (1 Joh. 1, 1—3). — Nirgends findet eine innigere Durchdringung von Ideen und Thatsachen statt, als gerade auf johanneischem Standpunkte; und hier sollen sie — unversöhnt nebeneinander, nein, feindlich sich gegenüberstehen? Doch, wozu länger von einer Möglichkeit reden, die, was die Person des Johannes betrifft, immer mehr verschwindet! — Ich führe Sie nochmals zu dem johanneischen Christus, damit er von und für sich selbst zeuge; und ich wiederhole immer lauter die Frage, ob die Erdichtung eines solchen Bildes Ihnen moralisch möglich scheine? Wer sieht nicht ein, daß eine größtentheils fingirte Wundergeschichte einer in menschlichem Leibe erschienenen Gottheit ganz anders ausgesehen, und nicht einen heiligen übernatürlichen, sondern einen durchaus widernatürlichen Charakter getragen haben würde? Wohlan, ich setze einmal für einen Augenblick den Fall, der Evangelist hätte, wie es Jemand irgendwo ausgedrückt hat:\*) „auf

---

\*) C. H. Hase a. a. O. S. 40.

dem Goldgrunde des göttlichen Logos" eine menschliche Physiognomie
entwerfen wollen — hätte diese Physiognomie nicht anders aussehen
müssen? Unser Erdichter hätte seinen Helden in himmlischem Glanze
auftreten lassen; — aber wäre das wohl sein Erstes gewesen, ihn
als Hochzeitsgast uns vorzuführen? Er hätte ihn Zeichen thun lassen
am Teiche Bethesda; — aber, bloß an einem einzigen Kranken, um
ihn dann ganz unbemerkt sich wieder entfernen zu lassen? Er hätte ihn
die Augen des Blindgebornen öffnen lassen; — aber auch mittels des
Kothes „aus Speichel und Erde" gemacht? Er hätte ihn seinen Freund
vom Tode auferwecken lassen; — aber auch mit der Thräne menschlicher
Rührung im Auge? Er hätte ihm von etlichen Griechen huldigen lassen,
als die Zeit kam, daß des Menschen Sohn verklärt werde; — ihn aber
auch fast im nächsten Augenblicke darauf beten lassen, daß der Vater
ihm aus dieser Stunde helfe? — Ich könnte noch mehr anführen, doch
schon genug, um Ihnen meine Ansicht deutlich zu machen, und Sie den
Nerv meiner Beweisführung fühlen zu lassen. Das johanneische Christusbild zeigt viele Einzelzüge, die jeder für sich betrachtet, andern Zügen
so schnurgerade zuwiderlaufen, daß sie einander scheinbar unvermeidlich
ausschließen. Und dennoch schmelzen die contrastirenden Züge immer
wieder so harmonisch zusammen, daß stets mehr mit fast unwiderstech-
licher Kraft die Ueberzeugung sich uns aufdrängt: Solch eine unver-
gleichliche Wirklichkeit konnte nur die Allmacht selbst werden lassen; kein
menschlicher Künstler hätte sie also schaffen können, ohne sich ein einziges
Mal zu vergessen, zu versehen, zu verrathen. —

In den verschiedenartigsten Lagen, Umgebungen, Stimmungen trifft
man den Heiland hier an; aber nie so göttlich, daß er nicht länger mehr
menschlich; nie so menschlich, daß er nicht länger mehr göttlich bliebe.
Nie hat er nöthig Etwas zu verbessern, zum zweiten Male zu thun, zu
widerrufen; nie ist er abgelenkt aus dem rechten Geleise. Immer finden
wir ihn auf der Höhe des Augenblicks; als Herrn der Lage, auch wo
er zu unterliegen scheint; herrschend, obgleich was sage ich, nie mehr,
als wenn er dient, und — wann diente er nicht? Vergiß einmal Alles,
was du von Andern gehört hast (so möchten wir jedem wahrheitsliebenden Zweifler zurufen), und lies selbst einmal wieder die Erzählung von
der Fußwaschung mit dem unvergleichlichen Eingange: „Vor dem Fest
aber der Ostern, da Jesus erkannte, daß seine Zeit gekommen war, daß
er aus dieser Welt ginge zum Vater; wie er hatte geliebet die Seinen,
die in der Welt waren, so liebte er sie bis ans Ende. Und nach dem

Abendeſſen, da ſchon der Teufel hatte dem Juda Simonis Iſcharioth ins Herz gegeben, daß er ihn verriethe, wußte Jeſus, daß ihm der Vater hatte alles in ſeine Hände gegeben, und daß er von Gott gekommen war und zu Gott ging: ſtand er vom Abendmahl auf, legte ſeine Kleider ab, und hub an" — was? „den Jüngern die Füße zu waſchen." Werde nicht ſchwindlig, wenn du es vermagſt, und erdichte wenn du kannſt, eine ſolche Klimax! Was mich betrifft, ſo iſt es mir, als fühlte ich in einer ſolchen Erzählung noch das dankbare Herz des ſtillen Augenzeugen ſchlagen, als ſtünde mir in dieſem einen Zuge das ganze Chriſtusbild, hiſtoriſch zugleich und tief ſymboliſch vor Augen. Wer von uns denkt bei ſolchen Zügen (und es ſind deren ſo viele!) nicht an das Wort von Matthias Claudius: „Andres, haſt du je etwas Aehnliches gehört! Man könnte ſich für die bloße Idee ſolch eines Gottmenſchen wohl brandmarken und rädern laſſen; und wem es einfallen kann zu ſpotten und zu lachen, der muß verrückt ſein. Wer das Herz auf der rechten Stelle hat, der liegt im Staube und jubelt und betet an." Amen auf dieſes Wort, du ächter Chriſt nach dem Geiſte Johannis, du treuer Wandsbecker Bote! Es iſt mir, als ob ich auf deinem ehrlichen Geſichte den Widerſchein der ſtillen geiſtigen Herrlichkeit des Apoſtels Johannes erblickte. Aber dieſer Johannes ſelbſt, was iſt er an ſeinem Theile, anders, als ein Licht der Kirche, das all ſeinen Glanz von der Sonne der geiſtigen Welt, von dem hiſtoriſchen, ganz ſpeciell von ſeinem Chriſtus entlehnt? Und dieſes Licht ſollte ſchließlich nichts Anderes ſein, als ein leeres Luftgebilde, von einer glühenden Phantaſie am Wolkenhimmel hervorgezaubert! Gehe hin, Apoſtel des Unglaubens, ich vertauſche die Verborgenheit der Gottſeligkeit gegen ſolche Ungereimtheiten nicht!

Es iſt Etwas, deß bin ich gewiß, das Sie beinahe zwingt, dem Geſagten wenigſtens theilweiſe beizuſtimmen. Aber gerade dieſes Gefühl erweckt Ihr Mißtrauen; wenn es einen Augenblick geſprochen, fordert der Verſtand ſein Recht wieder, und eine ganz andere, zweite Frage wird Ihrerſeits aufgeworfen. Iſt der johanneiſche Chriſtus begreiflich, fahren Sie fort, und dieſe Frage, geſtehen Sie es offen, iſt zugleich der Ausdruck einer ziemlich entſchiedenen Leugnung. Was ſollen wir auf ein Bedenken zur Antwort geben, das nach der Anſicht Einiger an ſich ſchon genügend ſcheint, um die Sache für immer zu entſcheiden? Man braucht leider in unſern Tagen den apoſtoliſchen und namentlich auch den johanneiſchen Chriſtus nicht einmal einem heidniſchen Feſtus, oder einem jüdiſchen Agrippa zu predigen, um von allen Seiten den

Vorwurf zu hören: „Paule, du rasest." Auch von christlichen, und nicht selten gerade von den edelsten Lippen vernimmt man beständig die Klage: „Dein Evangelium ist in demselben Maße vernunftwidrig, als es einen übernatürlichen Charakter trägt, und vergebens forderst du fernerhin Glauben für Etwas, was mit den ersten und einfachsten Gesetzen des menschlichen Denkens in Streit liegt. Was wiederholst du noch länger das Zeugniß, welches Johannes insonderheit von dem fleischgewordenen Worte verkündigte? Kaum habe ich mich einen Augenblick hinein versetzt, so kommt eine Ungereimtheit nach der andern zum Vorschein. Du willst uns doch nicht glauben machen, daß Gott, Gott, der ein Geist ist, einen Sohn habe; daß dieser Sohn auf diesem unscheinbaren Fleckchen des unbegrenzten Weltalls gewohnt und gewandelt habe, voller Gnade und Wahrheit; daß solch ein übermenschliches Wesen deßungeachtet wahrer Mensch gewesen und als solcher gestorben sei, um sogleich wieder vom Tode zu erstehen und zurückzukehren zu der Herrlichkeit des Vaters, von dem er ausgegangen war? Dies Alles ist für mich ein leerer Klang und nichts mehr. Weißt du (so höre ich kraft eines geistigen Rapports, der zuweilen zwischen Redner und Zuhörern bestehen kann, von verschiedenen Seiten mir zurufen), weißt du, wie es mir beim Lesen dieser Evangelien, besonders auch des vierten, zu Muthe ist? Bisweilen fühle ich mich von deinem Christus wunderbar angezogen, gefesselt, mehr als halb gewonnen; aber dann gibt es wieder so Vieles, was mich befremdet, ärgert und abstößt, daß ich dieses Evangelium unbefriedigt und entmuthigt auf die Seite lege. Hassen kann ich diesen Menschensohn nicht; aber noch viel weniger ihm vertrauen und nachfolgen." Wie würde ich mich schon freuen, wenn mancher Zweifler unserer Zeit nur einmal zu diesem bewußten Zwiespalt gekommen wäre! Dann könnte ich Hoffnung fassen, daß auch an ihm das sinnreiche Wort des Dichters in Erfüllung gehe:

„Was man nicht kann hassen,
Und noch viel weniger lassen,
O Herz, da ist kein Mittel geblieben,
Als es von ganzer Seele zu lieben."\*)

Von denen wenigstens, mit welchen es so weit gekommen ist, darf ich hoffen, daß sie den Muth haben werden, noch einen Augenblick stille zu stehen und — so Viele versäumen es zu ihrem eignen Schaden —

---
\*) Rückert.

ihren Zweifel aus dem dunkeln Verstecke, wo er wie ein Riese sich erhebt, ans Licht zu rufen. Wer weiß, ob er, am hellen Tageslicht erschienen, nicht zu einem Zwerge zusammenschrumpfen wird! Sie können natürlich nicht erwarten, daß wir in wenigen Augenblicken auch nur die vornehmsten Bedenken alle beantworten sollten, welche gegen die Annehmbarkeit einer besondern Heilsoffenbarung, von deren wichtigsten Urkunden wir eine vertheidigen, erhoben werden. Wir geben Ihrem Wunsche nach und beschränken uns auf das vierte Evangelium, das Evangelium des fleischgewordenen Logos. Ich setze voraus, daß Sie mit mir glauben an einen lebendigen, persönlichen Gott, der sich in der Natur offenbart hat und noch offenbart als die höchste Macht, Weisheit und Liebe. Aber, was haben Sie dann, ehrlich gesagt, gegen ein Evangelium, dessen Quintessenz gleichsam in dem einen Worte zusammengefaßt werden kann: „Also hat Gott die Welt geliebt, daß" — doch die Fortsetzung wissen Sie selbst. „Seinen Sohn", dieses Wort ist Ihnen anstößig, wenigstens in dem Sinne, wie die christliche Kirche diesen Ausdruck versteht und gebraucht. Aber sagen Sie mir, woher haben Sie das Recht, Ihren Gottesbegriff für den entsprechendsten Ausdruck und für den höchsten Prüfstein der Wahrheit zu halten und das, was Ihnen unbegreiflich scheint, sofort als ungereimt zu verwerfen? Sie glauben daß Gott Liebe ist, aber können Sie sich Liebe ohne Object denken, und wenn nicht, können Sie sich die Schöpfung als das höchste und einzige Object dieser Liebe vorstellen, ohne daß Sie sich in den Abgrund des Pantheismus verlieren? Aber das höchste, das ewige Object dieser Liebe, der Sohn „gesandt in die Welt" — das klingt Ihnen durchaus ungereimt, da die Welt doch so klein und Gott so unaussprechlich groß ist. Aber halten nicht auch Sie gerade die Liebe für die höchste, die sich am tiefsten zu dem Geringen, Verirrten, Verlorenen niederbeugt; oder verursacht Ihnen schließlich die Kleinheit dieser Erde das größte Bedenken, o so sagen Sie doch, wieviel Quadratmeilen sollte der Planet wohl umfassen müssen, welcher groß genug heißen dürfte, der würdige Schauplatz für Gottes Wohlgefallen an den Menschen zu werden? Und nun „diesen Sohn gesandt, auf daß" — doch wo verirre ich mich hin? Unmöglich kann ich, wie Sie begreifen, bei dieser Gelegenheit den Hauptinhalt dieses Evangeliums, ebenso wie seine Aechtheit und Glaubwürdigkeit gegen jeden Widerspruch vertheidigen. Nur das wollte ich nach Vermögen nachweisen, daß die Fragen, deren so viele bei dem johanneischen Christusbild sich aufdrängen, noch nicht der Art sind, daß Sie sich des Glaubens an seinen Namen entschlagen müßten; und darauf wollte ich Sie vor Allem aufmerksam machen, daß, sobald Sie sich einmal durch das Unbegreifliche dieses Christusbildes von diesem Glauben abschrecken lassen, die Schwierigkeiten nicht verschwinden, sondern vielmehr zunehmen. Ober sollten wir mit dem letzteren vielleicht zuviel gesagt haben? Doch, Sie können ja selbst leicht die Probe nehmen; wir wollen Sie dazu in Stand setzen. Wählen Sie sich statt dieses johanneischen ein anderes, in ihren Augen viel eher begreifliches Christusbild, und sehen Sie einmal, ob dann das Räthsel befriedigend sich lösen läßt. Gesetzt den Fall, die Hauptperson des vierten Evangeliums sei nicht Gottes menschgewordener Sohn, sondern ein bloßer Mensch, jedoch der sündlose, heilige, vollkommene Mensch gewesen. „Der vollkommene Mensch", — höre ich recht, „der Mensch ganz ohne Sünde?" Es streitet ja gegen alle Analogie, gegen alle Wahrnehmung, gegen alle Resultate der Erfahrung und der Menschenkenntniß, daß je solch ein Mensch sollte gelebt haben; ein schlechthin sündloser Mensch ist undenkbar, ohne unmittelbares Eingreifen Gottes, d. h. ohne Wunder, welches Ihre Wissenschaft unwiderruflich abweist. Ich muß also nothwendigerweise einen Schritt weiter zurück. „Es sei so; ist er auch nicht schlechthin sündlos, er kann doch sehr vortrefflich, liebenswürdig, religiös, wer weiß, ein religiöses Genie gewesen sein." Das muß ich schon wieder bezweifeln; dieser vortreffliche Mensch hat von sich Dinge ausgesagt, die ganz und gar gotteslästerlich klingen, wenn er nicht mehr war als Mensch. Die wahre Religion macht demüthig; und dieser Mensch ist der personifizirte Hochmuth, um so unerträglicher, weil er erklärt, keine Ehre von Menschen zu nehmen. Auch dieser „vortrefflichste Mensch" wird immer mehr eine bloße Nebelgestalt; an seine Stelle tritt höchstens der Schwärmer, wer weiß, vielleicht der Betrüger.... Und dieser Jesus, der in so Vieler Augen dies Alles noch eher, als wirklich Gottes Sohn gewesen ist; dieser Jesus, gekreuzigt und verworfen von seinem eignen Volke, hat schon wenige Jahre darnach auf die Gottesfürchtigsten seiner Nation den Eindruck eines so hohen und herrlichen Wesens gemacht, daß sie seinen Namen „anrufen" konnten, ohne sich selbst den Vorwurf der Abgötterei machen zu müssen. Dieser Christus ist kaum der Heidenwelt verkündigt, — so beweist auch schon das Aufkommen des Doketismus, der ältesten aller christologischen Ketzereien, daß Jesus auf seine Anhänger den Eindruck von etwas Uebermenschlichem gemacht habe. Diese Auffassung seiner Person als einer übernatürlichen Gottesoffenbarung findet nicht nur Raum in der Kirche, sondern verdrängt jede andere aus ihrem Schooße,\*) bietet Jahrhunderte lang dem christlich-philosophischen Denken über die höchsten und heiligsten Lebensfragen einen neuen Ausgangspunkt, und geht siegend aus jedem Streite hervor, bis — o glückliche Entdeckung der zweiten Hälfte dieses Jahrhunderts! — die Kritik endlich dahinter kommt, daß dies Alles die Folge einer sectirerisch-literarischen Mystification gewesen sei? Sie klagten vorhin, daß es Ihnen so schwer falle, den johanneischen Christus gut zu begreifen; aber sagen Sie mir, begreifen Sie dies Alles, begreifen Sie überhaupt Etwas davon? Ich sehe wohl ein, daß der Glaube mit manchem Nebel zu kämpfen hat, aber auch das ist mir klar, daß der Unglaube sich in eine Mitternacht von Absurditäten verliert, während er sich im Netze seiner bodenlosen Hypothesen verstrickt. Nein, glauben Sie nicht, daß wir, wenn wir also sprechen, die Räthsel und Fragen gering anschlagen, die sich auch uns beständig aufdrängen, wenn wir uns diesem Christusbilde gegenüber stellen. Wenn wir, um nur ein Beispiel zu nennen, dieses Eine „Das Wort ward Fleisch" in seiner Tiefe zu ergründen versuchen, dann entsinkt die Meßschnur unsern Händen. Aber dies ist unser Vorrecht vor denjenigen, die nun auch in den Abgrund des Zweifels versinken, daß wir gelernt haben, das Haupt, das Herz, die Kniee zu beugen vor den geoffenbarten Mysterien Gottes, und das große Wort des einzigen Monod zu wiederholen: „Je ne comprends pas, mais je comprends, que je ne comprenne pas."\*\*) „Unser Denken auf diesem Gebiete wird dann erst rationell, wenn wir aufhören rationalistisch zu denken."\*\*\*) Und wo es daher bei stets fortgesetztem Studium sich uns ergibt, daß unser Glaube auf festem Grunde ruht, da ergreifen wir mit dem Gehorsam des Glaubens den Inhalt dessen, was das Evangelium uns verkündigt; und haben wir also angefangen, auf wohlbegründetes Zeugniß hin zu glauben, so ist es nicht, um bei einem blinden Autoritätsglauben stehen zu bleiben (das sei ferne!), sondern um so weit als möglich vorzudringen vom Glauben zum Verstehen! Auf diesem Wege wird es uns nach und nach vergönnt, wenigstens Etwas von der Verborgenheit des Gottessohnes zu verstehen, müssen wir auch daran verzweifeln, sie je ganz zu ergründen; und bei allem Räthselhaften, was

---

\*) Das Evangelium des Johannes ist mehr als irgend ein anderes in Fleisch und Blut des Christenthums übergegangen. Keim

\*\*) A. Monod. Sermons II. p. 312. Die ganze ausgezeichnete Predigt (la crédulité de l'incrédule) verdient gelesen zu werden.

\*\*\*) Auberlen.

hier sich noch zeigt, können wir doch immer mit gutem Gewissen erklären: Diese Verborgenheit ist unendlich vernünftiger, annehmbarer, gotteswürdiger, als Alles, was man an deren Stelle zu setzen gesucht hat. Freilich wird es wohl Niemand gelingen, die Art und Weise, wie Göttliches und Menschliches in diesem Gottmenschen sich eint, je vollkommen klar und begreiflich darzustellen, — ist uns das Verhältniß zwischen unserm eignen Leibe und unserer eignen Seele nicht in gar mancher Hinsicht noch ein Räthsel? Die Gewißheit des Daß dieser Vereinigung ist nicht abhängig von der Klarheit und Richtigkeit, womit das Wie bestimmt wird, und die Offenbarung „des Lebens" ist darum nicht weniger herrlich und hoch gewesen, weil dies Leben sich noch nicht in den Zauberkreis eines haarfein ausgesponnen Begriffes hat bannen lassen. Begreifen — was begreifen wir denn eigentlich, um von der sichtbaren Welt zu schweigen, was begreifen wir, sobald wir uns zu der Sphäre des Uebersinnlichen, des Ewigen zu erheben suchen? Hat das Evangelium nicht schon vor so und so viel Jahrhunderten verkündigt, daß es offenbare, „was kein Auge gesehen und kein Ohr gehöret und in keines Menschen Herz gekommen ist;" und kann es uns wohl betrachtet Wunder nehmen, daß die Sonne, die nach einer langen Nacht in ihrer vollen Klarheit hinter den Wolken hervortritt, unsere Augen blendet?\*) Muß die letzte Frage des Kranken über Herkunft und Zusammensetzung der Medizin beantwortet sein, ehe er sie vertrauensvoll gebrauchen darf? und würden Sie es noch der Mühe werth halten, einen Christus, den Sie mit diesem kleinen Verstande vollkommen begreifen könnten, Herr und Meister zu nennen? Ist nicht bei allem Räthselhaften hier dennoch soviel Klarheit und Herrlichkeit, daß letzteres das erstere reichlich und überreichlich aufwöge? Und ist es unter solchen Umständen dann und wann nicht schwierig zu glauben (o ja!); ist es aber möglich, ganz und gar nicht zu glauben? — Aber sehen Sie, dies wird zu oft vergessen: man muß erst im Mittelpunkte stehen, um von da aus den Umkreis zu erobern; man muß erst ein Auge haben für das große harmonische Ganze, um

---

\*) Rothe: „Der Gedanke des Wunders, im eigentlichen, im strengen Sinne des Worts, ist für mich persönlich kein Ungedanke, und statt daß ich in demselben einen Widerspruch mit der schlechthin gesetzmäßigen Weltordnung Gottes sähe, wüßte ich mir vielmehr ohne dasselbe den thatsächlichen Verlauf der Geschichte unseres Geschlechts nicht verständlich zu machen; gerade den Pragmatismus der Geschichte, den ich fordere, nicht vollständig herzustellen." S. die Aufgaben des Christenth. in der Gegenwart, Elberf. 1866. S. 73.

allmälig Licht zu empfangen über jeden der besondern Theile. Das ist der Fehler des einseitigen Kriticismus unserer Tage, daß er wohl trennen, aber nicht verbinden, daß er wohl scheinbare Widersprüche, aber keine höhere Harmonie bemerken kann, mit einem Worte, daß er den Wald nicht sieht vor lauter Bäumen; auch dieser atomistische Intellectualismus, der den Berg nicht besteigt, weil er über die kleinen Steine, die im Wege liegen, nicht hinauskann, hat seinen tiefern Grund. „Was meinen unsere Leser," fragt Tholuck irgendwo — „wenn Jemand der Predigt des Paulus vom Gekreuzigten die Instanzen entgegengebracht hätte von der Essigdifferenz und der des Hahnenschreies und des Esels: ob derselbe sich wohl eingelassen haben würde auf eine Auseinandersetzung des Affinitätsverhältnisses zwischen saurem Wein und Essig, des Pietätsverhältnisses zwischen der Eselin Mutter und ihrem Kinde u. s. w.? oder ob er sich nach einem jener dienstbaren Geister umgesehen hätte, der sich darauf verstände, um die aufgesprungene Fuge die Klammer zu schlagen? Wir meinen: Mann — würde er dem Querulanten zugerufen haben — deine Stunde hat noch nicht geschlagen!"*) O du, der du schon hundertmal gefragt hast: „ist dieser Christus begreiflich," ließe sich doch endlich statt der unaufhörlichen Wiederholung dieser einen, die andere Frage bei dir hören: „Kann man ihn entbehren, entbehren für immer; kann ich ihn entbehren?"

Kann man ihn entbehren? Diese Frage ist es, welche ich heute an dritter Stelle in Ansehen des johanneischen Christus Ihnen und mir selbst ernstlich zu erwägen geben möchte. Jede Wahrheit, die wir auf diesem Gebiete vertheidigen, hat ja nach unserm Ermessen nur dann dauernden Werth, wenn es sich ergibt, daß sie Lebenskraft, oder wenigstens Lebensfähigkeit hat. Um aber diese Frage zu beantworten ist es nöthig, daß wir uns diesen Christus, dessen Bild wir mit einander betrachteten, im Geiste noch einmal vor Augen rufen, und zwar im Gegensatze nicht zu dem Christus des Matthäus, Petrus und Paulus, — denn wir haben bereits gesehen, zwischen deren Christus und dem des Johannes besteht eine unverkennbare Einheit, — sondern im Gegensatz zu dem Christus, den man jetzt unserer Zeit als ihren Messias aufbringen will, sofern sie nämlich noch einen Messias nöthig hat. Dabei ist von größtem Gewicht, daß wir Beide scharf unterscheiden, damit Niemand länger meine, es handle sich hier nur um eine Verschie-

---

*) Tholuck, Glaubwürdigkeit der Ev. Gesch. S. 461.

benheit der Form oder Vorstellung. Es muß offen heraus gesagt werden: Der Christus der modernen Kritik hat mit dem, welchen die christliche Kirche Jahrhunderte hindurch bekannt und angebetet hat, fast Nichts gemein, als den bloßen Namen.*) Er ist nichts Anderes, als ein liebenswürdiger, in seiner Art einziger Mensch, im Uebrigen weder unfehlbar noch sündlos; ein Freund der Frauen und Kinder, ein Prediger dessen, was ihm sein eignes Herz kräftiger als je Andern das ihrige eingegeben hat; ein Wunderthäter, theils nur in der Einbildung seiner Zeitgenossen, theils vermöge eines sonderbaren Zusammentreffens der Umstände und durch glückliche Anwendung bloß natürlicher Kräfte; ein Geschenk und eine Offenbarung Gottes, nun ja, aber in keinem andern Sinne, als dies auf einem andern Gebiete die Lilie auf dem Felde ist; verurtheilt in Folge eines verhängnißvollen und beinahe unbegreiflichen Mißverständnisses; auferstanden — für das Auge und die Einbildung der Seinigen; unsterblich, wenn und insofern alle Menschen und besonders fromme Menschen es sind; Beherrscher der Welt, aber nur so weit der Anstoß, den er ihr einmal gegeben, gleichsam in seinen Nacherzitterungen noch verspürt wird; er steht außer aller persönlichen, unmittelbaren Beziehung zu seiner Gemeinde auf Erden; er antwortet dem ihn anrufenden Sünder nicht: „hilf dir selber", aus dem sehr einfachen Grunde, weil er überhaupt den Sünder nicht hört. — Wohlan, diesem Christus, dessen Geschichte man in unserer Zeit hinter unzuverlässigen Urkunden hervorzugraben, nicht aus ihnen zu schöpfen versucht, — diesem Christus stelle ich, wie Pilatus einst dem Barrabas den Mann der Schmerzen, so den König gegenüber, dem man jetzt zum zweiten Male den Mantel des Spottes umhängt, und frage Sie: Kann man ihn entbehren? Ich richte vorerst die Frage an Jeden von Ihnen besonders. Ich frage den denkenden Geist. Du, der du den Schlüssel zu der großartigsten Erscheinung und zugleich dem großartigsten Räthsel der neuern Geschichte, zu dem Christenthum in der Welt, suchst, kann solch ein Christus en miniature (erlaube mir den Ausdruck,) dir im Geringsten Etwas erklären, haben wir damit eine Ursache, die solch einer Erscheinung entsprechend wäre? Ich richte dringender noch diese Frage an das sprechende Gewissen. Verlangt es nichts Höheres, als eine Gottesoffenbarung, welche dir rein dasselbe verkündet, was jedes gut entwickelte, reinmenschliche Bewußtsein dir sagen kann? Bedarfst du bloß eines

---

\*) Vrgl. Köllner, das moderne Christusbild, ein Zeichen unsrer Zeit.

Ideals (großentheils unhistorisch vielleicht!), um dich daran zu spiegeln, zu entwickeln, zu erheben? Ist nicht der moderne Christus, da er ausschließlich Sittenlehrer und Vorbild bleibt, viel unbarmherziger und strenger als Moses, der uns eine unerreichbare Höhe vor Augen stellt, ohne uns je in Stand zu setzen, den erstrebten Gipfel zu erreichen? Ja, wie kann er selbst einmal Sittenlehrer sein, da die hochgepriesene Religion Jesu unzertrennlich mit einem kolossalen Irrthum, dem Glauben an das Uebernatürliche, zusammenhing? Ich richte die Frage vor Allem an dein ruhesuchendes Herz. Hat dies Herz nicht unabweisbare Bedürfnisse, die allein der Christus des Evangeliums befriedigt, und kannst, darfst, wagst du ihm so zu vertrauen und nachzufolgen, ihn so zu lieben, wie dieses Evangelium dir vorschreibt, wenn er nicht mehr ist als Mensch? Kannst du ihn entbehren, ihn, der allein das Evangelium uns brachte, nicht nur von Gottes fürsorgendem Walten (das hatten wir nicht an erster Stelle nöthig!), sondern das Evangelium von Gottes vergebender und erlösender Liebe, wie sie unsere unruhige Seele bedarf, aber nie zu erwarten gewagt hätte, wenn sie uns nicht vom Vater selbst in dem Sohne offenbart worden wäre? Verehrte Versammlung! hier, gerade hier berühre ich den Punkt, den man heutzutage am Meisten übersieht — vielleicht weil er so klar auf der Hand liegt. Hätte die Welt nach Moses, Zoroaster und so vielen Andern eines neuen Religionsstifters bedurft, dann könnte sie sich allenfalls mit dem Christus eines Renan, Strauß, Schenkel und Anderer begnügen. Jesu von Nazareth gebührte in diesem Falle etwa nur ein Platz in dem Pantheon ausgezeichneter Männer; höchstens im Lararium der Hausgötter, in welchem schon der heidnische Kaiser Alexander Severus im dritten Jahrhundert neben Andern ihn aufstellte. Aber eine Stimme in unserem Innern sprach es ja schon aus, nicht einen bloßen Religionsstifter, sondern einen Erlöser, einen Retter hatten wir nöthig; einen Mittler, der in sich selbst Stoff und Geist, Freund und Feind, Erde und Himmel mit einander versöhnte; mit einem Worte, ein Licht und Leben der Welt, von dem das wahre Leben nicht bloß verkündigt, sondern offenbart, erworben, wiederhergestellt werde. — Nimm ihn weg diesen Christus des Johannes, nein, des ganzen Evangeliums alten und neuen Testaments, und — was bleibt noch übrig von der ganzen heiligen Schrift? Eine Sammlung literarischer Erzeugnisse eines räthselhaften Volkes des Alterthums; eine unzusammenhängende Reihe poetischer Legenden, unerfüllbarer Forderungen, grundloser Erwartungen; eine Gotteslehre, eine Tugendlehre, wenn es hoch kommt eine Unsterblichkeitslehre, die eher jeden andern Namen, als den Namen Evangelium verdienen. Nimm ihn weg, und was bleibt noch übrig für die christliche Kirche? Wenn die Geschichte noch etwas gilt, so predigt sie, daß die Kirche ihr Entstehen, ihre Ausbreitung, ihre Reformation, ihren beginnenden Triumph dem apostolischen Christus zu verdanken hat; daß keine Rebe auf die Dauer je Frucht tragen konnte, welche nicht an diesem Weinstock geblieben ist; daß der Glaube an eine übernatürliche Heilsoffenbarung die Basis war, welche den Gottesbau trug, das Band, welches die Christen aller Bekenntnisse bis heute noch umschlingt. Was wird aus der Kirche, wenn diese Basis erschüttert, dieses Band zerrissen ist? Die Secte der Theophilanthropen zu Ende des vorigen Jahrhunderts möge es, um keine andern Beispiele anzuführen, Ihnen beweisen, was sich schon aus der Art der Sache selbst ergibt, daß der Naturalismus und der Humanismus durchaus nicht im Stande sind, eine dauernde kirchliche Gemeinschaft zu stiften, welche vielmehr allein auf dem gemeinschaftlichen Glauben an geoffenbarte Heilsthatsachen ruhen kann. Zu welcher nie geahnten Blüthe diese moderne Negation die Kirche des Herrn bringt, das offenbart sich schon an den Erscheinungen, die von Auflösung und Absterben zeugen; es wird sich erst recht offenbaren, wenn das Geschlecht, das jetzt noch mit den Erinnerungen und Traditionen eines Glaubens lebt, mit dem es still oder öffentlich gebrochen hat, vom Schauplatze der Geschichte abgetreten ist, und seine Stelle eingenommen wird von denen, die jetzt mit der Milch dieser neuen Weisheit groß gezogen werden. Auf diesem Wege geht bei consequent fortgesetzter Entwickelung nicht nur aller christliche Offenbarungsglaube, sondern auch alle Religion des Herzens, alles Leben des Gebets, alle Hoffnung des ewigen Lebens verloren, und das Endresultat eines Naturalismus, der ohne jede Berechtigung seine Ladung unter die Flagge des Christennamens stellt, kann kein anderes sein, als ein grober oder feiner Materialismus mit seinen nicht nur theoretischen, sondern wohlgemerkt! auch praktischen Folgen für den Einzelnen, für die Familie, für die Gesellschaft, für den Staat, für die Welt! Noch einmal — denn immer weiter breitet der Kreis unserer Betrachtung sich aus — nimm ihn weg, diesen historischen, apostolischen Christus, und welchen Anblick gewährt die moderne Gesellschaft und die Welt? Mit erhöhter Betrübniß, ich verhehle es nicht, stelle ich diese Frage am Ende eines Jahres, das so tiefe Wunden geschlagen, aber auch so unermeßliche Abgründe vor unsern Blicken aufgedeckt hat, wie das dahinschwindende Jahr 1866. Ich wage keinen Blick in die Zukunft; ich spreche nicht einmal von besondern Gerichten, welche Gott verhängt hat oder verhängen kann über Christenvölker, die undankbar seine höchste Gabe verschmähen; ich weise Sie bloß auf Etwas, was Niemand leugnen kann, weil es Alle vor Augen sehen: auf das Wanken der Fundamente, die Lockerung der heiligsten Bande, das Erschlaffen aller sittlichen Lebensprincipien, die Herrschaft der Macht über das Recht, die Politik des fait accompli mit ihrem demoralisirenden Einflusse auf allen Gebieten, die Uneinigkeit, die Spannung, die Unruhe, ohne daß man weiß, warum; ich weise Sie mit einem Worte auf Alles, was unsere moderne Gesellschaft in so mancher Hinsicht zum Bilde eines glänzenden Elends macht; sie liegt im Fieber und ist schwach, sie ist krank und leidet an Schwindel. Ich beklage es mit Ihnen, daß das Christenthum leider noch so wenig gethan hat und thut, um den herrlichen Beruf eines barmherzigen Samariters auszurichten, und Oel und Wein in die Wunden dieses beinahe hoffnungslosen Kranken zu gießen. Doch ich frage zugleich, wissen Sie ein anderes, ein besseres Heilmittel als dieses Evangelium; und wenn auch vielleicht eine andere, — sollte u n s e r e Zeit ihn, den apostolischen Christus, entbehren können? Nun denn, entreiße ihr ihn, wenn du kannst, aber was gibst du ihr für die Zukunft an seine Stelle? Was? — Ein Kind dieser Zeit, der tiefgesunkene, aber auch höchst unglückliche A l f r e d d e M u s s e t möge es dir sagen in dieser poetischen Uebertragung seines cynischen Skepticismus, wenn er also zum Heiland spricht:

„Dein Wort ist mir nicht mehr Gebot. Es hat begonnen
    Ein neu ernüchtertes Geschlecht;
Der schöne Traum der Zukunftshoffnung ist zerronnen;
    Mit ihm verlor die Furcht ihr Herrscherrecht.

Dein heilig Bild, das hehr am Kreuz dort raget,
    Zerfressen ist's vom Wurm der Zeit.
Verrostet sind die Nägel, rings umnaget; —
    Und Nichts, das Stütze ihm verleiht.

Und doch — wer könnte Dank, Bewundrung je versagen,
    Gedenkt er dein! Ich selbst ich steh' getheilt, —
Dem Glauben fremd kann doch des Zaubers ich mich nicht entschlagen,
Ich möcht' die Erde küssen, die dich einst getragen,
    Die in der Todeswunde dein — geheilt.

> Die starr vor Frost, hast du mit lindem Thau begossen,
> Sie auferweckt zu neuem Lebensglück.
> Doch jetzt — da stolz vor dir sie ihren Sinn verschlossen,
> Wie kommt verjüngend Blut ins altersschwache Herz geflossen?
> Wer bringt die Jugendunschuld ihr zurück?*)

Ja, wie kommt verjüngend Blut ins altersschwache Herz geflossen? Wie? — Ich weiß nur ei n e n Weg, und Sie kennen ihn auch wohl, verehrte Zuhörer! Erinnern Sie sich an das sinnreiche Gedicht „the golden Legend," von dem amerikanischen Dichter Longfellow? Die Hauptperson besselben ist ein junger Prinz, ausgestattet mit Allem, um was die Weltfürsten zu beneiden pflegt; aber im Innern ist er krank, matt, muth- und hoffnungslos. Kein Wunder, denn ihn quält ein eingewurzeltes und hartnäckiges Uebel, für das kein Mittel gewachsen ist; er ist rettungslos verloren, — und doch noch zu retten. Zu retten, ja, aber nur auf einem Wege, der ihm durch ein dunkles Orakel mitgetheilt wird. Wenn eine gefunden werde, welche ihn lieb genug habe, um ganz freiwillig ihr Blut zur Rettung seines Lebens zu vergießen, wenn dieses Opfer gebracht, dies Blut getrunken, diese neue Kraft von einem uneigennützigen und schuldlosen Leben ihm mitgetheilt sei, dann werde er vollkommen genesen.**) Wie dieses scheinbar Unmögliche dennoch gefunden, wie dieses Opfer vorbereitet und im höchsten Sinne dargebracht wird, und den Ausgang — das mögen Sie selbst bei Longfellow nachlesen. Ich wollte damit sagen: dies ist das sinnreiche Symbol der Krankheit unsrer Zeit, und ihrer einzigen Hoffnung. — Unsre Zeit ist krank, blasirt, dem Hinsiechen des geistlichen Lebens nahe; es gibt nur ein Mittel, das ihr altersschwaches Herz wieder verjüngen, das den Krebsschaden, der an ihrem Herzen nagt, in seinem verhängnißvollen Zerstörungswerke aufhalten kann. O daß ihr der Glaube wiedergegeben werden

---

*) Das holländ. Original dieses Gedichts ist von dem Utrechter Prof. B. ter Haar und findet sich in der kürzlich erschienenen 3. Samml. seiner Gedichte. S. 289. Ueber A. de Musset vrgl. Julius Schmidt, Geschichte der Französ. Litteratur Th. II. S. 282. —

**) „Not to be cured, yet not incurable!
  The only remedy, that remains,
  Is the blood that flow from a maiden veins,
  Who of her own free will shall die,
  And give her life as the price of yours!"
  Longfellow, Gold. Leg. Act. 1.

könnte, der Glaube an eine Liebe, die ganz freiwillig auch für sie, die todtkranke, das kostbarste Opfer dargebracht hat; daß sie den Einen finden möchte, der, durch Nichts als Erbarmen bewogen, zu ihrer Seligkeit gestorben ist, und — noch lebt; o daß sie in diesem Sinne wieder dazu gebracht werden könnte, „das Fleisch des Menschensohnes zu essen und sein Blut zu trinken", — Sie verstehen mich, verehrte Versammlung, ohne daß ich mehr sagte. Wenn der Glaube an die höchste Liebe dieses Geschlecht nicht rettet, o sagen Sie, was kann dann retten? Ach, daß wir diesen Glauben allen, vielen, ja wäre es auch nur einer einzigen, innerlich zerrissenen Seele mittheilen könnten! denn wahrlich, dieses Eine kann ja durch nichts Anderes ersetzt werden, und — die Noth dieser Zeiten steigt hoch!

Sagen Sie Amen auch auf dieses Wort, dann können Sie über die Antwort auf unsere letzte Frage nicht lange schwanken. Wie wird unsre Zeit aufs Neue gebracht zu dem johanneischen, zu dem apostolischen Christus? Die betrübende Voraussetzung, von welcher diese Frage ausgeht, brauche ich wohl hier nicht zu rechtfertigen. Nie, fürchten wir, war der Zwiespalt zwischen dem sogenannten modernen Bewußtsein und dem apostolischen Christenthume so allgemein und tief, als in der Gegenwart. Die Stimmen, die in der zweiten Hälfte des vorigen Jahrhunderts aus den Schulen der Philosophen gegen den historischen Christus vernommen wurden, ertönen jetzt von christlichen Kanzeln und von den Kathedern der Theologen. Hunderten von Gemeinden wird ein sogenanntes Evangelium gepredigt, womit es nach unsrer innigsten Ueberzeugung unmöglich ist selig zu werden, und unter dem hoch erhobenen Banner der Reformation wird die Lehre der Apostel mit immer größerer Vermessenheit bestritten. Es gibt fast keine einzige Grundthatsache der heiligen Geschichte mehr, die nicht schon in das Gebiet der Erdichtung verwiesen worden wäre, und wer dies beklagt, hört sich zu seiner Beruhigung zurufen, daß er nichts Wesentliches entbehre und für diese unschätzbare Wohlthat nicht dankbar genug sein könne. Auch solche, die früher einer ganz andern Ueberzeugung lebten, sehen wir mit schreckenerregender Schnelligkeit dahingetrieben auf der abschüssigen Bahn der Verneinung, gleichsam zum Beweise für die Wahrheit des Wortes: „Wer nicht hat, von dem wird man nehmen auch das er hat." Mit einem Worte, man huldigt einem Christenthum, und preist es Andern an, von dem es ganz unbegreiflich ist, weßhalb es noch einen besondern Platz neben und über andern Religionen verlange, da ja doch der aufgeklärte Jude wohl nichts dagegen haben kann, daß dieser Rabbi Joschua Ben Joseph von Nazareth als ein trefflicher Moralist und als ein religiöses Genie geehrt und gehört werde. — Mittlerweile wird auch die schreckliche Wahrheit des andern Wortes offenbar: „Wer den Sohn leugnet, der hat auch den Vater nicht" (1 Joh. 2, 23), und Mancher, der nicht mehr glaubt an einen lebendigen Gott, und die Religion bloß als die Poesie des Gewissens betrachtet, fürchtet allein noch — Gespenster und Klopfgeister. Oft überkommt uns ein überaus wehmüthiges Gefühl, wenn wir in der Stille der Einsamkeit einen Blick werfen auf die so traurig entchristlichte Welt, und unwillkürlich schwebt uns zuweilen die rührende Klage aus Novalis' Lied auf den Lippen:

> „Von Liebe ganz durchdrungen,
> Hast du soviel gethan,
> Und nun bist du verklungen,
> Und Niemand denkt daran."\*)

Soll denn wirklich, fragen wir mit gelindem Schauer, dieses Jahrhundert nicht zu Ende eilen, ohne daß ein neues Heidenthum, welches in mancher Hinsicht dem ältern nachsteht, in Europa seinen Sitz aufgeschlagen hat, und sollte der schon geboren sein, dessen Feder den Untergang des Christenthums und der reformirten Kirche der Niederlande beschreiben wird? Soll — doch nein, meine Zuhörer! soweit ist es noch nicht; Gott verhüte, daß es, solange wir am Leben sind, soweit komme! Manchem düstern Bilde gegenüber dürfen wir doch auch unser Auge nicht schließen vor so manchem erfreulichen Zeichen unsrer viel bewegten Zeit; und Bedürfniß bleibt es uns, die Hoffnung zu bewahren, in welcher derselbe Novalis sang:

> „Einst schauen meine Brüder
> auch wieder himmelwärts."

Schon das offene und kecke Auftreten des Geistes der Verneinung in unsern Tagen hat seinen Vortheil. Ist nach einem bekannten Worte Shakspeare's Ja und Nein zugleich keine gute Theologie, so geht es mit dieser Theologie denn auch sichtlich zur Neige, und die Wahl zwischen Ja oder Nein wird in mancher Hinsicht leichter. Gar mancher fängt an, den Werth des Schriftschatzes lebendiger zu fühlen, je mehr er ihn bedroht sieht, und gegenüber den heftigen Bestürmern nimmt auch die Zahl der Arbeiter

---

\*) Siehe das herrliche Lied: „Wenn Alle untreu werden" in dem Evang. Liederschatz von A. Knapp. Nr. 2067.

zu, die, wie einst die Juden an den Mauern Jerusalems, bauen, die eine Hand an der Arbeit, die andere treu am Schwert. Wir glauben an den heiligen Geist, und sind deßhalb versichert, daß der Versuch, „das bleiche Nebelbild des Gottmenschen johanneischer Speculation verschwinden zu lassen aus dem Glauben der Gemeinde," gewißlich vereitelt werden wird. Solange der Geist der Wahrheit noch nicht ganz aus der Gemeinde gewichen ist, wird sie sich nicht überreden lassen, daß man, um zu Jesu selbst zu kommen, den größten und wichtigsten Theil der Evangelien je eher je lieber preisgeben müsse.

Warum sollten wir unter solchen Umständen die Hoffnung schon sinken lassen, daß Mancher, der heute noch unser Gegner ist, über kurz unser Freund sein könne; daß man wenigstens hier und da die Sisyphusarbeit des Ankämpfens wider eine solche Macht der Beweise aufgeben werde; daß, wer weiß — da oder dort in dem Bestreiter schon der künftige Vertheidiger schlummere. Das Evangelium des Johannes hat für Manche eine abstoßende und zugleich wunderbar anziehende Kraft, und der johanneische Christus geht noch immer, wie einstmals, durch die drohenden Steinwürfe seiner Gegner unverletzt und ungehindert hindurch, beschützt durch besseres Geleite als seine schwachen Freunde. Daß er schon sein letztes Wort auch zu diesem Geschlechte gesprochen habe, können wir unmöglich annehmen; aber fragen Sie, wie allmälig die Kluft wieder ausgefüllt werde, welche in unsern Tagen so Viele von ihm und seinem Evangelium trennt — gerne werde ich auf diese Frage, wie auf jede andere, auch die Antwort Anderer hören, aber die meine kann ich Ihnen nicht besser als in drei Worten geben. — Zuerst auf dem Wege zunehmender Selbstkenntniß, die uns und Viele mit uns zu stets tieferem Bewußtsein unsrer Sünde, dadurch aber auch zugleich mit vollster Klarheit zur Einsicht bringt, daß wir für unsern ewigen Frieden unmöglich genug haben können an solch einem armseligen Evangelium, das man uns statt des wohlbekannten und wohlbegründeten aufbringen will. Ferner auf dem Wege immer gründlicherer Untersuchung, namentlich auch dieses Theiles der heiligen Schrift. Welcher Besitzer eines unschätzbaren Juwels unter Ihnen würde es sich sagen lassen, er habe sich Jahre lang mit einem falschen Steine geschmückt, ohne nun alle ihm zu Gebote stehenden Mittel anzuwenden, die seine Aechtheit und seinen Glanz beweisen können? Mehr als der prächtigste Diamant leuchtet aus diesem geistigen Evangelium dir entgegen; bringe deinen Schatz ruhig an den Prüfstein! Wir fürchten für die heilige Sache, die wir vertreten, die Prüfung nicht; das fürchten wir bloß, daß man nicht genügend, oder auf verkehrte Weise prüfe. Mancher, der Nichts mehr glaubt, verwirft auf Autorität jetzt Alles, und will das, was zu Gunsten des Evangeliums vorgebracht wird, nicht einmal mehr hören oder lesen.

Ich bitte und beschwöre Sie, folgen Sie doch dem Vorbilde solch kläglicher Einseitigkeit nicht, forschen Sie selbst in der Schrift, die mehr Spuren innerer Wahrheit enthält, als auch die kundigste Hand Ihnen nachzuweisen vermag; Ihr Glaube muß Ihr persönliches, selbständiges, wo nöthig auch sauer erworbenes geistiges Eigenthum sein. Ist er dies einmal geworden, Sie errathen es schon, welchen Weg ich dann als den vornehmsten vor allen Ihnen anweise, um das vorgesteckte Ziel zu erreichen, den Weg stets treueren und unverzagteren Bekennens. Gewiß, wir wären die thörichtesten der Thoren, wenn wir glaubten, dadurch allein könnten die Sätze einer falschen Wissenschaft widerlegt werden. Es darf daneben nicht übersehen werden, daß das dünkelhafte Vonobenherabsehen so Mancher, die bei der Wissenschaft (vermuthlich nach der letzten Auflage eines Compendiums derselben) schwören, auf ein muthiges und aufrichtiges Glaubensbekenntniß, ein ebenso großes Maß unerträglichen Hochmuths als heimlicher Furcht verräth. Nicht die Hypothesenjagd der Kritik, sondern das wohlbegründete Zeugniß des Glaubens soll und wird die Welt überwinden. Fahre fort in diesem Zeugnisse, ein Jeder nach seinem Vermögen, Gemeinde des Herrn, und du besonders, der du von Gott vor Andern den Beruf und die Gabe dazu empfangen hast, schweige nicht! Oder wird nicht (wie großmüthig!) jede Abnahme, jede Erkaltung, jede zeitliche Schwäche deines Zeugnisses als unzweideutiges Zeichen betrachtet, daß selbst die Bekenntnißtreuen in der Kirche den Glauben an ihre Dogmen, und den Muth verloren haben? Wehe uns, wenn je das Matte, das Farblose, das Unverständliche und Unerklärliche in unsern Worten und Thaten Anlaß geben sollte, daß solche Waffen von den Gegnern aus der kläglichen Haltung unsrer Freunde geschmiedet würden! Selig wir, Gelehrte und Ungelehrte, wenn wir an unserm Theile, auch in den Tagen des Abfalls und Kampfes, das Lob verdienen, das derselbe Johannes niedergeschrieben hat: „Du hältst an meinem Namen und hast meinen Glauben nicht verleugnet." Keine schönere Grabschrift für einen Bekenner Christi, als die, welche einem andern Johannes, einem John Knox bei seiner Bestattung zugedacht wurde: „Hier liegt der Mann, welcher nie das Angesicht eines Menschen fürchtete."

Ein solches Zeugniß haben auch wir, im Hinblick auf die Zeichen

und Bedürfnisse der Gegenwart, vor Ihnen abzulegen gesucht. Was
darin Schwaches und Mangelhaftes sich findet, möge Der in Gnaden
vergeben, der es weiß, daß wir dabei nicht unsre, sondern seine Ehre
suchten. Das Wahre und Gute, das darin gewesen ist, segne er zur Stärkung Ihres
Glaubens und vor Allem zur Verherrlichung seines Namens! Empfangen
Sie meinen Dank für die so erfreuliche Theilnahme, womit Sie mir
bis zu Ende gefolgt sind; bisweilen mußte ich viel von Ihrer Aufmerksamkeit und Nachsicht verlangen, aber wir sind darin eins, die Sache
verdiente es auch wie wenig andere. — Wer wohl das letzte Wort in
diesem Kampfe behalten wird? Wer das allerletzte Wort in jedem
Kampfe für seine Wahrheit behält, ist Ihnen nicht unbekannt. Er be-
halte es auch bei Ihnen, wenn unsre Stimme nicht mehr redet; er be-
halte es jetzt schon sogleich, wo wir unsre Zusammenkünfte beschließen. —
Mit dem Eingang des Johannes-Evangeliums durfte ich diesen Vortrag
beginnen. Ich beschließe ihn mit den letzten Worten der Apocalypse,
die ich jetzt speciell anwende auf das vierte Evangelium, mit einem Worte
des Zeugnisses, mit einem Worte des Evangeliums, mit einem Worte
des Advents in dieser Zeit des Advents, in diesem großen Advente der
Zeiten: „Ich Jesus habe gesandt meinen Engel, solches euch zu zeugen
an die Gemeinen. Ich bin die Wurzel des Geschlechtes Davids, ein
heller Morgenstern. Und der Geist und die Braut sprechen: Komm!
Und wen dürstet, der komme, und wer da will, der nehme das Wasser
des Lebens umsonst. — — — Es spricht, der solches zeuget: Ja, ich
komme bald. Amen. Ja, komm Herr Jesu! Die Gnade unsers Herrn
Jesu Christi sei mit euch allen! Amen."

### Bemerkung.

S. 66 Z. 4 v. u. lese man Alexandrinus statt Alexander.
„ 69 „ 1 v. o. — — geistiges statt geistliches.
„ 125 „ 9 v. u. — — geistigen statt geistlichen.
„ 127 „ 7 v. u. — — streitenden, fliegenden statt streitende, fliegende.

www.ingramcontent.com/pod-product-compliance
Lightning Source LLC
Chambersburg PA
CBHW030320170426
43202CB00009B/1082